教育部人文社会科学重点研究基地
山东大学当代社会主义研究所资助项目

统战视域下民主党派与现代国家治理研究

邱永文　著

華文出版社
SINO-CULTURE PRESS

图书在版编目（CIP）数据

统战视域下民主党派与现代国家治理研究 / 邱永文著. —北京：华文出版社，2023. 12

ISBN 978 - 7 - 5075 - 5903 - 3

Ⅰ. ①统… Ⅱ. ①邱… Ⅲ. ①民主党派—研究—中国②国家—行政管理—研究—中国 Ⅳ. ①D665②D630. 1

中国国家版本馆 CIP 数据核字（2023）第 239903 号

书　　名： 统战视域下民主党派与现代国家治理研究
标准书号： ISBN 978 - 7 - 5075 - 5903 - 3
著　　者： 邱永文
责任编辑： 雷　平
出版发行： 华文出版社
地　　址： 北京市西城区广外大街 305 号 8 区 2 号楼
邮政编码： 100055
电　　话： 总 编 室 010 - 58336239　发行部 010 - 58336270
责任编辑 010 - 58336277
经　　销： 新华书店
印　　刷： 三河市航远印刷有限公司
开　　本： 880 × 1230　1/32
印　　张： 8. 625
字　　数： 184 千字
版　　次： 2023 年 12 月第 1 版
印　　次： 2023 年 12 月第 1 次印刷
定　　价： 69. 00 元

目　录

第一章　导论：中国独特的政治发展之路

统一战线是中国共产党新民主主义革命胜利和社会主义建设、改革发展的重要法宝，是具有中国特色的政治发展之路。我国的新型政党制度则是中国共产党统一战线的重要制度载体。民主党派是我国新型政党制度中独特而重要的组成部分。所以，在中国的政治发展和现代国家治理过程中，中国的新型政党制度不仅是统一战线的重要制度载体，也是统一战线的重要组成部分。民主党派不但是中国新型政党制度的创建者和参与者，而且通过中国新型政党制度赋予的政治职能，进行政治参与，与共产党一道推进现代国家治理。

一、政治发展与现代国家治理

政治发展是“政治科学中用于描述民族统一构设和国家建立的过程，特别是第二次世界大战以后摆脱殖民统治的亚洲、非洲新独立国家的建立过程的一个概念。政治发展与现代化和经济发展的概念密切相关，它现在是指第三世界国家政治变迁的过程”。[①] 政治

① ［英］戴维·米勒、韦农·波格丹诺（英文主编），邓正来（中文主编）：《布莱克维尔政治学百科全书（修订版）》，中国政法大学出版社 2002 年版，第 597 页。

发展意味着政治系统的重构与完善，政治关系的调整和变革，是政治领域发生的变迁。

当代中国的政治发展很大程度上是与中国政治现代化进程相联系的政治变革过程，是中国政治领域里发生的正向变化和进步。中国的政治发展是社会主义政治建设的必然要求，也是中国经济、政治、文化、社会和生态文明五位一体建设总体布局的重要组成部分。四十多年的改革开放实践，中国在经济领域发展突飞猛进，取得了举世瞩目的成就，但同时我们也面临着诸多矛盾和挑战。全球经济发展放缓的背景下，当今世界面临百年未有之变局：保守主义思潮抬头，贸易保护主义盛行，世界政治格局面临着剧烈的变动和调整。中美贸易冲突也暴露了中国经济发展的许多问题：外部环境的恶化，经济发展面临着转型、升级和创新等诸多挑战；中国社会的主要矛盾发生变化，收入分配不均衡，社会结构面临深刻变动引发诸多矛盾和冲突；在几十年的经济快速增长过程中，积累的人口资源和环境的协调发展等问题尚待解决。这些问题的解决均有赖于政治发展，即实现国家治理体系和治理能力的现代化。

政治发展一直是我国现代化进程中的应有之义。早在 1980 年，邓小平就提出了政治体制改革的问题。1987 年中国共产党第十三次全国代表大会提出：“经济体制改革的展开和深入，对政治体制改革提出了愈益紧迫的要求。”强调政治经济发展互相依赖，不可偏废。随着改革开放的深入和社会主义市场经济体制的建立，我国社会阶层结构发生重大变化，利益诉求也出现多元化，各种社会组织的政治参与和利益表达的要求越来越迫切。为此，中国共产党第十七次全国代表大会提出了“扩大公民有序政治参与问题”。党的十八大以来，中国的政治发展稳步推进。中央新的领导集体提出了一系列政治体制改革的新观点、新思路和新举措，有力地推动了社会主义协商民主制度建设，推进了国家治理体系和治理能力现代化。

二、统一战线是中国政治发展和现代国家治理的独特方式

统一战线是中国共产党取得新民主主义革命、社会主义革命和建设、改革开放和社会主义现代化建设胜利的重要法宝，也是具有中国特色的政治发展之路。统一战线是中国共产党实现政治现代化转型，推进现代国家治理的重要方式。统一战线在中国实现政治统一，建构新的政治体系、塑造新的政治权威、巩固政治系统，实现政治职能分化精细化、提高行政效率、扩大政治参与，推动社会主义协商民主等方面，在中国的政治现代化过程中发挥着无可替代的法宝作用。

（一）统一战线与中国政治发展

1. 什么是统一战线

关于统一战线的内涵，历来有不同的解读。统一战线表现为一种政治联盟，但这种政治联盟有广义和狭义之分。“广义的政治联盟的含义是：不同的阶级、阶层、政党、社会集团，乃至民族、国家等政治力量，在一定的历史条件下，为着维护和实现其各自的利益，确定共同的或者可以相容的政治目标，进而维护其共同认可的利益，从而建立的政治联盟。”① 广义的政治联盟包含

① 李景源主编，张树桐、王占阳副主编：《统一战线基础理论研究》，华文出版社 2002 年版，第 24 页。

古今中外的一切政治利益斗争中结成的各种联盟形式。这也形成了广义的统一战线的概念。从广义上讲，“统一战线是不同阶级、阶层、政党、集团等社会力量，为了实现一定的共同目标，在具有共同利益的基础上结成的联盟，简要地说就是一定社会力量的联合”。①

政治联盟只是统一战线的一种外在表现形式，这一概念远不能表达无产阶级（特别是中国共产党）统一战线所具有的丰富内涵、本质属性和政治实践等内容。所以，狭义的统一战线仅指无产阶级（特别是中国共产党）的统一战线。“无产阶级统一战线是人类政治联盟史上的一种具有特殊性质的政治联盟，是人类社会历史发展到一定阶段所必然出现的社会历史现象。”② 所以，“无产阶级统一战线是无产阶级及其政党为了完成自己的历史使命，实现不同时期的战略目标和任务，团结本阶级各个阶层和政治派别，并同其他阶级、阶层、政党、集团以及一切可以团结的力量，在一定的共同目标下结成的政治联盟”。③ 中国共产党领导的统一战线，是中国共产党把马克思主义统一战线基本原理同中国具体实际相结合的产物，是无产阶级及其政党领导的统一战线的光辉典范。

---

① 中共中央统战部等编著：《中国统一战线教程》，中国人民大学出版社 2013 年版，第 10 页。

② 李景源主编，张树桐、王占阳副主编：《统一战线基础理论研究》，华文出版社 2002 年版，第 26 页。

③ 任涛、吴黔生等主编：《新编中国统一战线基本教程》，华文出版社 1995 年版，第 2 页。

2. 统一战线的功能

统一战线是中国政治发展的独特道路和实现方式，是实现中国近现代政治统一、社会发展进步的重要法宝。近代以来，中华民族面临的主要矛盾，就是构建现代民族国家、争取民族独立和解放、实现民族繁荣富强。要解决这些矛盾，特别是争取民族独立和构建现代民族国家，没有一个强有力的政党来领导，没有一个广泛包容各种政治和社会进步力量的组织形式是无法实现的。"统一战线广泛运用于政治、经济、文化、社会、军事等各个领域，具有巩固自己力量、争取中间力量，分化敌对力量的重要功能作用，是解决力量问题的基本方式和配置力量的基本手段。"① 从新民主主义革命胜利到中国特色社会主义现代化建设取得伟大成就，正是在中国共产党的领导下，在不同历史时期，通过党领导的不同性质、不同任务和不同目标的统一战线，团结、教育和引导社会各行各界通过这种特殊的政治联盟实现的。

中国共产党成立 90 多年来，统一战线一直是中国共产党解决不同历史时期主要矛盾和完成主要任务的重要法宝。新民主主义革命时期，通过组织革命联合阵线，中国共产党实现了第一次国共合作，取得了北伐战争的巨大胜利；抗日战争时期，通过组织抗日民族统一战线实现全民族的团结，我们打败了日本侵略者，实现了民族独立和解放；解放战争时期，通过领导人民民主统一战线，我们党取得了解放战争的胜利，成立了中央人民政府，基本实现了清政府覆灭以来真正完全意义上的全国统一；社

① 中共中央统战部等编著：《中国统一战线教程》，中国人民大学出版社 2013 年版，第 20 页。

会主义建设和改革时期，我们通过新时期爱国统一战线，凝聚和团结全国人民和港澳台侨进行了改革开放和现代化建设，中国特色社会主义事业取得了举世瞩目的成就。

新民主主义革命离不开统一战线，社会主义建设和改革开放同样离不开统一战线。在当代中国，不理解统一战线的重要意义，就不可能真正理解当代中国政治发展的逻辑和规律。自毛泽东第一次明确阐述了统一战线作为中国共产党的法宝地位以来，历届中央领导集体无一不强调统一战线的重要地位和作用。2015 年召开的中央统战工作会议及颁发的《中国共产党统一战线工作条例（试行)》认为："统一战线是夺取革命、建设、改革事业胜利的重要法宝，是增强党的阶级基础、扩大党的群众基础、巩固党的执政地位的重要法宝，是全面建成小康社会、加快推进社会主义现代化、实现中华民族伟大复兴中国梦的重要法宝。"习近平在这次统战工作会议上的讲话中强调："人心向背、力量对比是决定党和人民事业成败的关键，是最大的政治。统战工作的本质要求是大团结大联合，解决的就是人心和力量问题。"① 这是我们党治国理政必须花大心思、下大力气解决好的重大战略问题。

所以，统一战线解决的是人心和力量问题，是人心向背和力量对比问题，是能否实现大团结大联合的问题。中国要实现政治发展，完成国家治理体系和治理能力的现代化，也必须通过巩固、完善和发展新时代的爱国统一战线来实现。

---

① 中共中央宣传部编：《习近平新时代中国特色社会主义思想三十讲》，学习出版社 2018 年版，第 167 页。

3. 民主党派与政治认同

统一战线是中国共产党新民主主义革命、社会主义建设和改革事业不断取得胜利的重要法宝。统一战线服从和服务于中国共产党不同历史时期的中心工作。统战工作是做人心工作的，中国共产党统一战线的主要目的是凝聚人心，汇聚力量。一直以来，关于统一战线的基础理论研究主要是从执政党——中国共产党的角度进行的，即使是统战某一领域的研究，也更多的是反映执政党对该领域的理论、政策和基本认知，统一战线研究更多是从统一战线主体角度展开的：统一战线的领导权，统一战线的范围、主题，统一战线的政策制定，统一战线的体制机制等。

民主党派的视角是政治认同的视角。从政治认同角度看，统一战线是一种政治系统和政治秩序的构建过程，是民主党派对中国的政治体制即人民民主专政、人民代表大会制度、多党合作制度的理解和认同。统一战线理论研究就其基本要素来说，主要包括统一战线主体，统一战线客体，统一战线体制机制和统一战线工作开展的历史背景和经济社会政治文化环境等。当然，统一战线的体制机制也可以视为统一战线的制度环境。

不同领域的统战对象到底对党的统战理论和基本政策是如何认识的，即统战对象对统战理论、政策乃至国家基本政治制度是如何认识的。这种统战对象的视角不仅关系到统战工作的实际效果，更关系到政治制度的合法性问题、关系到政权安危和国家兴亡。所以，从统战对象的视角研究统战政策理论，不仅可以完善统战理论研究的不足，而且可以直观地反映统战工作的成效。

（二）统一战线与现代国家治理

现代国家治理包括塑造共同价值、强化国家权威、提升国家治理执行力、促进经济持续发展、完善社会保障体系和增加国家与社会互动六个方面。① 与传统国家治理相比较，现代国家治理有制度性、时代性、民族性、系统性和创新性的特点。② 统一战线是国家治理体系的重要组成部分。统一战线是中国共产党总路线和总政策的一部分，在中国革命、建设和改革等不同的历史时期都占有极其重要的地位。在当代，统一战线是夺取中国特色社会主义新胜利的重要法宝，在推动国家治理体系和治理能力现代化方面具有重要的作用。

统一战线本身就是国家治理体系的重要组成部分，在国家政权的建构、完善和国家治理过程中，发挥着举足轻重的作用。巩固和壮大最广泛的统一战线，是我们党不断取得胜利的一条基本经验，是党和国家工作全局中一个极为重要的方面，也是新的历史条件下治国理政必须正确处理的一个基本问题。当前，我国改革开放和现代化建设进入一个新的阶段，面对繁重复杂的改革发展稳定任务，统一战线作为团结各方面力量的广泛联盟，在推动国家治理体系和治理能力现代化方面具有独特的优势和作用。

首先，统一战线是中国实现政治稳定的重要方式。新时代的统一战线在坚持我国社会主义政治制度和政党制度，坚持党的领

---

① 徐湘林：《转型危机与国家治理》，《中国科学报》2012 年 4 月 16 日。

② 许海清著：《国家治理体系和治理能力现代化》，中共中央党校出版社 2013 年版，第 17—18 页。

导，在推进社会主义协商民主，维护社会稳定、国家安全和领土完整，牢牢把握和切实用好重要战略机遇期方面负有重大的责任和艰巨的任务。统一战线在调整政党关系、民族关系、宗教关系、阶层关系和海内外关系方面发挥着无可替代的积极作用，为维护国内各方面关系，维护祖国和平统一和繁荣富强发挥着重要作用。

其次，统一战线有助于巩固党的执政能力和扩大党的执政基础。加强执政能力建设和先进性建设，始终得到最广大人民群众的拥护和支持，是我们党长期执政始终面临的重大课题。在新时代，在坚持工农联盟的基础上，统一战线工作范围进一步扩大，主要包括：各民主党派成员，无党派人士，党外知识分子，少数民族人士，宗教界人士，非公有制经济人士，新的社会阶层人士，出国和归国留学人员，香港同胞、澳门同胞，台湾同胞及其在大陆的亲属，华侨、归侨及侨眷，其他需要联系和团结的人员。统一战线作为我们党特殊的群众工作，在巩固党的阶级基础、扩大党的群众基础方面具有独特优势。

再次，统一战线有助于化解各种风险和矛盾，维护社会的安定和谐。建设社会主义和谐社会，实现中华民族伟大复兴，要把不同党派、不同民族、不同阶层、不同群体、不同信仰以及生活在不同社会制度下的全体中华儿女团结起来，求同存异、共同奋斗。新时代的统一战线高举社会主义和爱国主义旗帜，兼容并蓄，海纳百川，平衡利益，化解矛盾，具有巨大的包容性，能够在巩固工农联盟的基础上，把包括新的社会阶层在内的社会各方面的智慧和力量都凝聚起来、调动起来、发挥出来，把包括港澳同胞、台湾同胞、海外侨胞在内的海内外中华儿女最大限度地团结起来。

最后，统一战线有助于实现“一国两制”和祖国统一。保持香港、澳门长期繁荣稳定，反对和遏制“台独”分裂势力及其活动、实现祖国完全统一，是关系到实现中华民族伟大复兴的重大问题。统一战线作为推动“一国两制”方针实施的重要力量，高举爱国主义旗帜，能够把包括港澳同胞、台湾同胞、海外侨胞在内的海内外中华儿女最大限度地团结起来，在推进祖国统一大业中的作用更加突出。

总之，统一战线是我们党夺取革命、建设、改革事业胜利的重要法宝，是增强党的阶级基础、扩大党的群众基础、巩固党的执政地位的重要法宝，是全面建成小康社会、加快推进社会主义现代化、实现中华民族伟大复兴中国梦的重要法宝。

三、民主党派与统一战线

民主党派是中国统一战线中的一支重要政治力量，是中国新型政党制度重要的行为主体，同时也是中国政治发展的积极参与者和重要推动力量。

（一）民主党派是统一战线的重要组成部分

民主党派自诞生之日起，就是中国民族独立和民主革命的积极而重要的政治力量。中国最早的资产阶级政党：1895 年成立的兴中会和 1905 年成立于日本东京的同盟会，是中国民主革命的主要领导力量，也是后来民革的前身。源自美洲洪门会的中国致公党，一直是中国民主革命和抗日战争的积极参演者。脱胎于第三党的中国农工民主党在 20 世纪 20 年代就明确提出反帝反封建的政治纲领，追求中华民族的独立与民主。这些民主党派与19世纪40年代建立的民盟、民建、民进、九三学社和台盟等政党与中国共产党结成政治联盟，反对国民党反动派的专制统治，构成了人民民主统一战线，并一道成为新政协大会的积极倡议者和参与者，共同参与了新中国的建立，增强了新的政治系统权威性。社会主义改造完成之后，随着人民政协性质和职能的转变，民主党派的阶级基础也发生了相应的变化，与中国共产党一道开创和构建了中国的政党制度。改革开放之后，随着《中国共产党领导的多党合作和政治协商制度的意见》文件的颁布，中国共产党领导的多党合作和政治协商制度进一步巩固和完善。民主党派和中国共产党一道推动了统一战线和中国民主政治的发展。

（二）民主党派是中国新型政党制度的重要行为主体

早在民主革命时期，因为在共同的政治目标和中国发展方向等基本问题上有相同或相近的立场，民主党派与中国共产党结下了深厚的友谊。抗日战争时期，在抗日民族统一战线的旗帜下，民主党派与中国共产党在国民参政会等重要场合团结合作，密切配合。在陕甘宁边区和其他根据地，中共也开始探索“三三制”等政权合作模式，吸纳民主人士和开明士绅参与边区政府治理，开启了政党合作的初步尝试。

解放战争时期，1948年中共中央发表的“五一口号”标志着中国新型政党制度的开端。“五一口号”在新中国建立过程乃至近现代中国历史发展中有着重大而深远的政治意义。中国共产党此前与各民主党派和无党派民主人士的交流、沟通与合作，奠定了共同的合作和信任关系。“五一口号”的发布和各民主党派、各人民团体等政治社会组织对于“五一口号”的热烈响应，以及后来社会各界在中国共产党的领导下参加新的政协会议、共同协商建国等重大历史事件，决定着中国政治发展和未来道路走向。特别是中国共产党与各民主党派在这一过程中的团结合作、政治协商等重要政党政治活动，为中国新型政党制度的建立和发展奠定了基础。

（三）民主党派是中国政治发展的重要推动力量

民主党派既是中国新型政党制度和新中国政治系统构建的参与者，同时又不断通过加强自身建设来适应新的政治系统，推动政治系统的巩固、完善和发展。民主党派在第一届全国人大成立后，不仅积极参政议政而且明确了民主监督的职责，促进整个国家政治结构的合理化。随着新时期《中国共产党领导的多党合作和政治协商制度的意见》的颁布施行，在 20 世纪 90 年代，民主党派参政议政职能逐渐制度化、规范化、程序化，政治参与范围和内容逐步扩大。新世纪新阶段，民主党派的政治职能逐步完善，特别是新时代《中国共产党统一战线工作条例》颁发后，参政议政、民主监督、参加共产党领导的政治协商三项职能进一步明确，推动了社会主义协商民主，特别是政党协商和政协协商实践的发展，中国的政治制度和国家治理体系日臻完善。反过来，为了更好地履行职能，随着中国政治的发展进步，国家治理体系和治理能力的现代化也对民主党派自身能力和素质提出了更高的要求。

所以，统一战线是研究民主党派和当代中国政治发展的钥匙。中国共产党通过统一战线团结和容纳社会各方的政治参与，巩固和扩大了政治权威的合法性基础；民主党派通过统一战线与中国共产党形成了多党合作的政治格局，并在其中发挥着重要作用，推动了中国民主政治的发展进步。通过研究民主党派—统一战线—政治发展这一内在逻辑，可以为我们观察当代中国政治发展提供一个新的视角；反过来，通过观察政治发展—统一战线—民主党派这样的逻辑结构，也可以为民主党派适应未来政治发展中的角色定位提供自身建设的客观视角。

第二章　民主党派与现代政治体系的构建

近代中国饱受西方列强欺凌，内乱不止。清政府的政治权威逐步消解，传统的政治系统难以有效运转，新的政治权威迟迟难以形成。自鸦片战争开始，西方列强屡屡自海上入侵，清政府屡战屡败，割地赔款，难以有效维护主权完整；同时，内部秩序混乱，各种会党暴动和农民运动持续不断，政治秩序失衡。从政治发展的角度看，近代中国面对的是政治权威衰败，政治秩序混乱，旧的政治系统已经难以发挥作用的局面；而中国各种政治社会力量所做的种种救亡图存的努力，就是对内重建新的政治系统，恢复政治秩序，对外恢复民族独立和主权完整，从而重新成为国际社会之平等一员。这一过程中，北洋政府与国民党政府都难以担负起重建新的现代政治体系的重任。民主党派几经探索和比较，终于选择了与中国共产党一道携手奋进，为重建政治权威，重构政治系统，建立独立、富强和民主的新中国作出了巨大贡献。

第一节　民主党派的产生

民主党派是当代中国政坛上一只重要的政治力量，是中国政党制度的重要行为主体，是当代爱国统一战线的重要组成部分。中国民主党派的产生有其特殊的历史背景，是与特定的政治环境和历史条件紧密相连的。因此，民主党派这一称谓在不同的历史时期有不同的内涵。

一、民主党派产生的时代背景

“政党政治是一种客观存在的社会政治现象。”① 当今世界，政党政治是一种普遍存在的民主政治形式。政党自近代产生以来，成为政治发展的重要标志。中国民主党派的产生是西方政党政治文化的影响与中国近现代政治、经济、社会发展客观要求共同作用的结果。

第一次鸦片战争开启了中国近代化的进程。从此，延续几千年的中国传统社会面临“数千年来未有之变局”。中国政治、经济、社会和思想文化诸领域遭受到前所未有的挑战和冲击：政治上，国家主权完整受到严重破坏，传统的家、国、天下观念受到西方现代主权国家观念的有力挑战，面临着传统国家向现代国家的艰难转型；经济上，自给自足的自然经济遭到西方现代资本主义经济的强烈冲击，民族资本主义经济艰难生长，经济中心逐渐

① 王长江主编：《政党政治原理》，中共中央党校出版社 2009 年版，第 1 页。

转向东南沿海；社会结构方面，传统士、农、工、商构成的稳定的社会结构逐步解体，新的生产方式产生了中国最早的资产阶级和工业无产阶级，进而在政治上提出了新的政治要求和政治主张；思想文化方面，西学东渐、东西方文化交流碰撞，引发了对待传统文化与西方文化问题尖锐激烈的对立和斗争。

概而言之，这 80 年的中国近代史，错综复杂，变乱纷呈，但围绕救亡和启蒙的政治斗争和政治主张则是贯穿其中的两条主脉。随着帝国主义侵略的不断加深，中华民族面临亡国灭种的危险，救亡图存就成了那个时代亟待解决的问题。清政府完全沦为洋人的朝廷后，中外反动势力结合在一起，要救亡图存，就必须推翻清政府，建立民主共和国。所以思想启蒙，民主革命，建立现代民主共和国就成了第二个必须解决的问题。中国各种社会阶层、政治力量为救亡图存所进行的各种各样的不懈努力，包括太平天国运动、洋务运动、戊戌变法、清末新政、辛亥革命等各种政治活动和政治思潮，构成了近代中国政治发展的基本脉络。这是近现代中国政党产生的大的历史背景。

半殖民地半封建社会的历史背景和基本矛盾，推动了近代中国政党的兴起。1911 年辛亥革命前后，中国曾经兴起许多政党，民国初年还进行过资产阶级多党制的政治尝试。但中国的传统政治文化和现实经济社会基础决定了西方移植的资产阶级多党制模式在中国无法有效运转。20 世纪 20 年代，随着中国政治社会运动的不断发展和各种政治社会力量的分化组合，在中国政治舞台上发展演化出三种类型的政党：一是代表大地主、大资产阶级利益，与欧美有深刻利益渊源的国民党；二是代表工农劳动大众等社会底层民众利益的中国共产党；三是在国共两党之外，代表民族资产阶级和城市小资产阶级及其知识分子利益的在政治上主张走中间道路的民主党派。这三种类型的政党在中国现代政治舞台上经历了错综复杂的联合和斗争，彼此分化组合、纵横捭阖，构成了中国现代民族民主革命极其壮丽的政治篇章。

二、民主党派有哪些

在统一战线语境中，民主党派是指活跃在中国大陆政坛，除执政党中国共产党以外的八个政党的统称。它们是：中国国民党革命委员会、中国民主同盟、中国民主建国会、中国民主促进会、中国农工民主党、中国致公党、九三学社、台湾民主自治同盟。它们大部分是在抗日战争期间以及日本投降以后、国共内战爆发以前成立的。20 世纪 20 年代以来，中国的主要中间党派有：

中国青年党（简称“青年党”或“中青”），1923 年 12 月 2 日在巴黎成立；

中国致公党（简称“致公党”），1925 年 10 月 10 日在旧金山成立；

中国农工民主党（简称“农工党”），由 1928 年在上海成立的中华革命党多次更名而来；

全国各界救国联合会（简称“全救会”或“救国会”），1936 年 5 月 31 日在上海成立，1945 年更名为中国人民救国会，简称“救国会”；

中国民主政团同盟（简称“民盟”），1941 年 3 月 19 日在重庆成立，由中国青年党、国家社会党、中华民族解放行动委员会、职业教育社、乡村建设协会、全国各界救国联合会组成，

1944 年 9 月 10 日更名为中国民主同盟；

三民主义同志联合会（简称“民联”），1945 年 10 月 28 日在重庆成立；

中国民主促进会（简称“民进”），1945 年 12 月 30 日在上海成立；

中国国民党民主促进会（简称“民促”），1946 年 4 月 14 日在广州成立；

九三学社前身是民主与科学座谈会，1946 年 5 月 4 日在重庆成立；

中国民主社会党（简称“民社”），1946 年 8 月 15 日在上海成立；

台湾民主自治同盟（简称“台盟”），1947 年 11 月 12 日在香港成立；

中国国民党革命委员会（简称“民革”），1948 年 1 月 1 日在香港成立。

后来在是否参加国民政府的制宪大会问题上，中国民主同盟发生了分裂。中国青年党、中国民主社会党（当时属于中国民主同盟）参加了制宪国民大会。中国民主同盟遂开除了中国民主社会党，此后不久即被国府查封。其他各民主党派也均遭到国府查封，禁止活动。

三、民主党派称谓的界定

民主党派是对若干组织性质和政治目标大体相同或相近的党派的统称。在历史上，民主党派曾被称为“反蒋党派”“抗日党派”“在野党派”“各党各派”等。

早在1938年毛泽东在《中国共产党在民族战争中的地位》一文中就使用了“民主党派”这一称谓。他说：“在一切有愿意和我们合作的民主党派和民主人士存在的地方，共产党员必须采取和他们一道商量问题和一道工作的态度。”① 1945年4月，在中共七大上，毛泽东在《论联合政府》的政治报告中再次提出了“民主党派”这一称谓。毛泽东在报告中指出：“为着动员和统一中国人民一切抗日力量，彻底消灭日本侵略者，并建立独立、自由、民主、统一和富强的新中国，中国人民，中国共产党和一切抗日的民主党派，迫切地需要一个互相同意的共同纲领”②，并要求国民政府“承认一切民主党派的合法地位”。③ 这里的民主党派指的是不依附于国民党，为争取民族独立解放和民主进步而斗争的党派。

1945年9月中旬，中华民族解放行动委员会领导人章伯钧在发表对时局的谈话中，也使用了“民主党派”这个称谓，他说：“国民党应该立即结束党治、实现民主，给人民以民主权利，并承认现有一切抗日民主党派的合法地位。”④ 同年10月，中国民主同盟临时全国代表大会的政治报告中也引用了民主党派这一称谓，称民盟是“民主党派联合体的同盟”⑤。此后，民主党派称谓作为具有特定含义的政治术语，被广泛接受。这时候的民主党派

---

① 《毛泽东选集》第2卷，人民出版社1991年版，第526页。

② 《毛泽东选集》第3卷，人民出版社1991年版，第1055页。

③ 同②，第1063页。

④ 严奇、王幼樵编：《中国农工民主党历史研究》（民主革命时期），中国人民大学出版社1984年版，第83页。

⑤ 中国民主同盟中央委员会编：《中国民主同盟历史文献》（1941—1949），中国社会科学出版社2012年版，第76页。

还不能确定具体是哪些党派，而主要是指当时中国政坛除了国民党和共产党之外的其他中间党派。

1948 年 4 月 30 日，中共发出《纪念“五一”劳动节口号》，号召“各民主党派，各人民团体及社会贤达，迅速召开政治协商会议，讨论并实现召集人民代表大会，成立民主联合政府”。[①] 中国国民党革命委员会、中国民主同盟、中国民主促进会、中国致公党、中国农工民主党、中国人民救国会、中国国民党民主促进会、三民主义同志联合会等民主党派和无党派人士于 5 月 5 日自香港联合发电给中共中央，表示拥护和支持“五一口号”。中国民主建国会、台湾民主自治同盟、九三学社及有关人民团体也先后发表声明或通电全国表示支持，赞同“五一口号”。[②]

“五一口号”成为民主党派对国共两党政治态度的试金石和分水岭，各民主党派的政治态度和政治倾向直接决定了它们的前途和命运。1949 年 9 月，政协一届一次会议中，周恩来就有关政协的几个问题指出，参加政协的党派标准就是在 1948 年“五一”前就建立了组织或已经开始建立组织，并很快响应了“五一”号召的所有政党。这事实上是对民主党派的一种界定：

第一，党派组织必须在 1948 年五一之前业已成立；

第二，这些政党都赞同中共的政治主张，并愿意同中共一起反对国民党一党独裁，建立民主联合政府。

所以，从 1948 年的“五一口号”到 1949 年的新政协大会召

① 刘延东主编：《当代中国的民主党派》，当代中国出版社 1999 年版，第 21—22 页。

② 同①，第 22—23 页。

开，民主党派的概念有了特定的内涵：从成立组织的时间（不晚于 1948 年 4 月 30 日）到真实的政治态度（赞同中共的“五一口号”提出的政治主张）决定了当时有 11 个政党与中国共产党一起携手参加新的政协大会，共商国是，会议通过了《共同纲领》作为各党派共同遵守的政治准则。

新政协大会召开后，1949 年 11 月，第二次中国国民党民主派代表会议在北京召开，会议决定将中国国民党革命委员会、三民主义同志联合会、中国国民党民主促进会和国民党的其他爱国分子进一步统一为中国国民党革命委员会，三民主义同志联合会和中国国民党民主促进会宣告结束。同年 12 月，中国人民救国会以历史使命已完成，在北京宣告“光荣解散”①。所以，经过了新政协大会之后的一系列变动，民主党派特指曾经在新民主主义革命中团结合作并与中国共产党一道参加新政协大会而且继续保留下来的八个政党。

第二节　探索救亡图存和民族复兴之路

心系民族国家的前途和命运，探索救亡图存的民族复兴之路，是民主党派始终不变的情怀。正是在这样的探索过程中，随着历史条件和国家前途命运的重大变化，民主党派逐步成长起来，从坚持走“中间道路”到慢慢选择靠近中国共产党，在中国

---

① 刘延东主编：《当代中国的民主党派》，当代中国出版社 1999 年版，第 66 页。

共产党的领导下与中共携手共进，开启了推动民族复兴的正确道路。

孙中山先生创立的中国国民党是中国最早的资产阶级革命性政党，是20世纪20年代中国政坛最具影响力的政党。当然国民党在20年代的复兴与中国共产党成立后对它的支持和帮助是密不可分的。中国共产党二大提出了建立“民主联合阵线”的主张，三大提出了与国民党试行“党内合作”的政治主张，推动了北伐战争的顺利进行。孙中山先生去世后，1926年和1927年国民党右派连续发动了“清党”和“分共”政变，第一次国共合作正式破裂，大革命宣告失败。

大革命失败后，国共两党分裂对峙，开始实行武装斗争。处于国共两党之间的第三种政治势力——中国的民族资产阶级和小资产阶级提出了不同于国共的第三条救国道路。民主党派的产生大致可以分为三个阶段，即：抗日战争前、抗日战争时期和解放战争时期。

一、第三条道路的探索与失败

从第一次国共合作破裂到全面抗日战争爆发，这是民主党派产生的第一个阶段。1927年，国民党右派发动了四一二政变，国共合作破裂。11月1日，宋庆龄、邓演达、陈友仁等国民党左派在莫斯科以“中国国民党临时行动委员会”的名义发表《对中国及世界革命民众宣言》（即《莫斯科宣言》）。宣言声讨蒋介石汪精卫集团的罪行，宣布为彻底实现孙中山三民主义的革命纲领，特组织中国国民党临时行动委员会。在宣言的影响下，以谭平山、章伯钧、张曙时、季方、郑太朴、朱蕴山、张申府、邓初民等为代表的一部分国民党左派人士和一些脱离共产党的人士于1928年初在上海组建中华革命党。1930年8月9日，邓演达在上海主持召开了有十个省区代表参加的第一次全国干部会议，正式成立中国国民党临时行动委员会，通过了邓演达起草的政治纲领《我们的政治主张》。会议选举出中央领导机构，邓演达、黄琪翔、章伯钧、彭泽民、季方、丘哲等25人为干事，组成中央干部会，邓演达被推举为总干事。《我们的政治主张》提出，反对帝国主义，肃清封建势力，推翻南京反动统治，建立以农工为重心的平民政权，实行耕者有其田，通过国家资本主义过渡到社会主义。

1931年九一八事变后，日本侵占东北，策动成立伪满洲国并逐步南下。1935年7月6日，南京政府代表何应钦与日本天津驻屯军司令梅津美治郎签订了《何梅协定》。之后，日本又步步紧逼，策动"华北五省自治"。面对日本的鲸吞蚕食，国难当头、民族危亡之际，1935年8月1日，中国共产党发表《为抗日救国告全体同胞书》，即著名的《八一宣言》，提出全国人民团结起来，停止内战，建立全国统一的国防政府和抗日联军，动员全国同胞，进行全民抗战。宣言照亮了中华民族解放的前途，激起全国人民抗日救亡的斗志，得到了全国各界的热烈响应。

根据国内形势发展的需要，1935年11月10日，中国国民党临时行动委员会在香港九龙大埔道召开了第二次全国干部会议。会议认为反对日本帝国主义的武装侵略，实现中华民族的解放是当前全中国人民的共同要求，也是革命政党的中心任务。因此，会议决定将党的名称改为中华民族解放行动委员会，以担负起争取民族解放的历史任务。中华民族解放行动委员会率先响应了中共的《八一宣言》，提出形成巩固的联合阵线，确立“抗日、联共、反蒋”为总方针，决定“同共产党合作，以马列主义作为党的思想武器”，以推动抗日为党的中心工作。以第二次全国干部会议为历史转折点，中华民族解放行动委员会在中共抗日民族统一战线的旗帜下，走上了同中国共产党合作的新里程。

中国致公党也是20世纪20年代在中国影响较大的政治组织。致公党的前身是海外洪门组织。海外洪门是海外华侨的互助团体，具有正义性和进步性。洪门致公堂是洪门中最大的组织。洪门致公堂有三大信条：“忠诚救国、义气团结、侠义除奸。”① 这表明致公洪门堂尽管是海外华侨的团结互助组织，但其宗旨仍然首先强调以祖国的利益为根本，具有强烈的爱国主义思想。孙中山先生在民主革命时期把洪门引向革命道路，谈到洪门等华侨组织对中国革命的影响，孙中山先生有句名言“华侨是革命之母”。从海外致公洪门堂到中国致公党的转变，就是海外华侨心系祖国前途和命运的最好证明。

1923年10月10日，由旧金山美洲洪门致公总堂发起，在旧金山举行了“五洲洪门第三次恳亲大会”。大会决定组织建立中国致公党，讨论了党纲草案的基本精神和主要内容。这次恳亲大会的《缘起》申明：“我洪门为复国二期，为保国而存，为富强国而力图进取。肩斯重任，宏济巨难，舍我洪门其谁与归？我洪门人士奋兴乎？务使此恳亲大会计划成功，进行顺利，则令中华

① 《中国致公党简史》编辑委员会编：《中国致公党简史》，中国致公出版社2010年版，第2页。

民国真正共和之实现。”① 1925 年 10 月 10 日，在旧金山召开“五洲洪门第四次恳亲大会”。大会决定改堂为党，定名为“中国致公党”，并选举陈炯明为总理，唐继尧为副总理，这次恳亲大会就成为中国致公党第一次代表大会。1931 年 10 月 10 日，致公党在香港举行第二次代表大会，大会决定“存堂保党，党堂分离，以党领导堂”。这是致公党向现代政党发展的一大进步。1931 年九一八事变之后，日本侵占中国东北，中国致公党号召“海内外党员，一致参加抗日，出钱出力，以尽职责”②。

中国共产党领导抗日民族统一战线过程中，积极争取与中国致公党取得联系并团结合作，毛泽东还亲自出面做海外侨领统战工作。抗日战争后期，在中共南方局的积极帮助下，1947 年 4 月 29 日至 5 月 1 日，致公党在香港举行了具有重大历史转折意义的第三次代表大会。大会发表的《中国致公党第三次全国代表大会宣言》明确提出了反对帝国主义、封建主义和官僚资本主义的政治主张。这表明中国致公党由旧民主主义政党向新民主主义政党的巨大转变，也开创了中国致公党参加新民主主义革命的新纪元。

面对日本的步步紧逼，在民族危亡之际，1936 年 5 月 31 日，在上海成立了由 18 个省 60 多个救亡团体组成的具有广泛社会基础的抗日救亡阵线——全国各界救国联合会。救国会的领袖们赞成中共建立抗日民族统一战线的政治主张，力促各党派各团体团

---

① 《中国致公党简史》编辑委员会编：《中国致公党简史》，中国致公出版社 2010 年版，第 236 页。

② 同①，第 10 页。

结御辱，共赴国难。救国会的政治主张和政治宣传活动为南京当局所不能容忍，为此国民政府逮捕了沈钧儒、章乃器、邹韬奋、李公朴、王造时、沙千里、史良等救国会七领袖，造成了轰动中外的“七君子”事件。中国共产党高度赞扬了救国会及其领袖的爱国行动，严厉谴责国民党政府的倒行逆施，形成了逼蒋抗日的强大政治攻势，壮大了抗日民族统一战线的力量。同时也密切了中国共产党与救国会之间的联系，救国会成为当时各党派中与中共关系最密切，思想上政治上接受中共领导的政治团体，这也为未来的两党合作打下了坚实的基础。

二、与中国共产党的团结合作

抗日战争时期是民主党派产生的第二个阶段。这一阶段民主党派的产生以民盟的诞生为标志。1936 年底，西安事变的和平解决，促成了第二次国共合作。在中国共产党抗日民族统一战线的推动下，抗日战争初期，国民党先后成立和召开了国防参议会和国民参政会。特别是在国民参政会的政治舞台上，许多民主党派人士和社会贤达认识到，没有党派之间的团结合作，中国不可能实行真正的民主宪政。所以，1939 年 11 月 23 日，国民参政会的一些党派领导黄炎培、梁漱溟、章伯钧、沈钧儒和张澜等人在重庆酝酿成立国共以外的政党联合组织——统一建国同志会。大会主张实行宪政、反对内战等，选举黄炎培、张澜、章伯钧、左舜生、梁漱溟为常务干事，黄炎培为主席。

1941 年 1 月，皖南事变爆发后，民主人士对于国共关系十分担忧，各党派深感为民主和反内战而团结之必要，需加快联合和筹建“中国民主政团同盟”。1941 年 3 月 19 日，中国民主政团同盟在重庆特园秘密召开会议。参加大会的有中华职业教育社、乡村建设协会、中国青年党、国家社会党、中华民族解放行动委员会的领导人以及无党派人士张澜。1942年，沈钧儒领导的全国各界救国联合会正式加入，中国民主政团同盟集合“三党三派”，成为民主党派联合体的同盟。中国民主政团同盟最初的政治主张是“贯彻抗日主张，实践民主精神，加强国内团结”，并积极推动各党派成员参加国民党统治区的民主宪政运动。

中国民主政团同盟成立后，在中共的帮助下，梁漱溟、萨空了、俞颂华等在香港公开出版机关报《光明报》刊发《中国民主政团同盟成立宣言》和《中国民主政团同盟对时局主张纲领》，成为国共两党不可忽视的中间力量。在以后的国民参政会、国共的重庆谈判、国民政府的政治协商会议（旧政协）以及国民大会中，民盟都发挥了积极的作用。

1944年9月初，在国民参政会三届三次会议上，中共参政员林伯渠代表中共提出了结束国民党一党专政、组织抗日联合政府的主张。民盟立即响应，并随后发表了《对抗战最后阶段的政治主张》，坚决赞成中国共产党提出的建立民主联合政府的号召。

抗日战争胜利后，在重庆谈判期间，中共代表多次向民盟领导人通报谈判情况，交换意见。毛泽东更是三访特园，与民盟领导人张澜共商国是。为呼应国共和谈，民盟召开全国代表大会，通过了《政治报告》，提出了“反对独裁，要求民主；反对内战，要求和平”的政治主张。

1946年1月10日，由各党派和无党派人士参加的政治协商会议在重庆召开。会议期间，民盟与中共代表遇事协商，默契配合，互相支持，一定程度上遏制了国民党的内战政策和专制独裁，为和平民主作出了重大贡献。

国共内战爆发后，民盟坚决维护和平，积极参与调停军事冲突，反对内战，抗议国民党的倒行逆施，拒绝参加由国民党主导的"国民大会"，并公开抵制。民盟的活动引起了国民党的仇视，宣布民盟为"非法团体"，并采取暴力手段强行取缔民盟。这种情况下，民盟总部宣告解散，但民盟的组织委员会依然进行工作，各地民盟成员在总部组织委员会的指导下先后转入地下斗争。

三、逐步走向新民主主义革命的政治道路

抗日战争胜利后，中国面临着不同前途和命运的选择，各种政治力量积极组建政党，探索建国之路，这是民主党派产生的第三个阶段。1945 年 4 月 23 日至 6 月 11 日，中共七大在延安召开。大会制定了党的路线，就是"放手发动群众，壮大人民力量，在我党的领导下，打败日本侵略者，解放全国人民，建立一个新民主主义的中国"。[①] 毛泽东在《论联合政府》的政治报告中提出，只有建立联合政府才是目前中国时局的出路。毛泽东在政治报告中提出："在广泛的民主基础之上，召开国民代表大会，成立包括更广大范围的各党派和无党派代表人物在内的同样是联合性质的民主的正式的政府，领导解放后的全国人民，将中国建设成为一个独立、自由、民主、统一和富强的新中国。一句话，走团结和民主的路线，打败侵略者，建设新中国"。[②] 毛泽东认

① 中共中央党史研究室著：《中国共产党的九十年（新民主主义革命时期）》，中共党史出版社 2016 年版，第 254 页。

② 《毛泽东选集》第 3 卷，人民出版社 1991 年版，第 1029—1030 页。

为，“为着彻底消灭日本侵略者，必须在全国范围内实行民主改革。而要这样做，不废止国民党的一党专政，建立民主联合政府，是不可能的”。①

国民党同时也在酝酿战后的安排。1945 年 5 月 5 日至 21 日，国民党在重庆召开了第六次全国代表大会。大会通过的《宣言》坚持独裁统治，拒绝成立联合政府。大会通过的对党内发布的《本党同志对中共问题之工作方针》，污蔑中共武装割据，破坏抗战，颠覆政府，危害国家。此外，国民党着手准备布置军事力量，武力镇压反对力量。

面对两种命运两种道路的冲突和斗争，中国的民主力量也在酝酿筹划关于中国的前途和主张。1945 年 10 月，三民主义同志联合会第一次全体大会在重庆召开。会议选举谭平山、陈铭枢、郭春涛、杨杰、柳亚子等 17 人组成民联中央临时干事会。1946 年 4 月，中国民主促进会在广州成立，会议推举李济深为中央主席，李济深、蔡廷锴、李章达等十人为常务理事。民联、民促的成立是中国国民党内部爱国民主力量的一次大联合，为中国国民党革命委员会的成立做好了组织和思想上的准备。1948 年 1 月 1 日，国民党民主派包括民联、民促以及远在海外的冯玉祥等，根据宋庆龄的建议，进行反复协商讨论，成立了中国国民党革命委员会，大会选举宋庆龄为名誉主席，李济深为主席，民革的成立标志着国民党民主派和其他爱国民主分子，在坚持孙中山三大政策的基础上，以反蒋爱国为共同目标，实现了大联合。

---

① 《毛泽东选集》第 3 卷，人民出版社 1991 年版，第 1066 页。

民建的成立也是正值抗日战争胜利后，中华民族面临前途和命运抉择的关键时期。早在 1917 年，黄炎培先生就在上海创办中华职业教育社，探索教育救国的道路，并明确宣告："职教社的唯一信仰就是爱国、报国。"后经过长期的酝酿筹备，由黄炎培、胡厥文、章乃器、施复亮、孙起孟等 134 人发起成立了民主建国会。民建成立时政治纲领就提出和平、民主等政治主张。

1945 年 12 月 30 日，以马叙伦联系的一部分在上海从事文化、出版、教育等工作的爱国民主人士和以王绍鳌所联系的上海工商界爱国民主人士为基础，在上海成立了中国民主促进会。此外，由许德珩发起的民主科学座谈会在 1946 年 5 月 4 日正式更名为九三学社。1947 年 11 月 12 日，参加台湾"二二八"运动的台湾精英谢雪红、杨克煌、苏新、李伟光等人在中共的帮助下，在香港成立台湾民主自治同盟。

抗战胜利后成立的这些政党，都在关系中华民族前途和命运的关键时刻高举爱国、团结和民主的旗帜，与中共一起互相支持，互相帮助，团结奋斗，携手共进。

第三节　共创建国伟业

民主党派与中国共产党在新民主主义革命中一起团结奋斗，经历了风风雨雨，最终同中国共产党一道重新构建了新的政治体系和政治权威，中华人民共和国中央人民政府正式成立。这一过程奠定了多党合作的共同思想政治基础，也奠定了民主党派在中华人民共和国成立后新的政治系统中的政治地位。

一、中国近代政治发展的困境

1840 年鸦片战争开启了中国近代化的进程。近代以来中国百余年的历史发展基本围绕着建立一个独立自由民主的现代化中国而展开。经历了第一次鸦片战争后，传统专制王朝的统治方式难以为继，大清帝国经历了内部底层民众的暴力反抗和西方列强的全方位侵略，政治权威衰败，政治秩序崩溃。其间经历了第一次鸦片战争、太平天国运动、第二次鸦片战争、洋务运动、英俄入侵西藏新疆、日本入侵琉球台湾、中法战争、中日战争、义和团运动、八国联军侵华、日俄战争和辛亥革命。1912 年清政府退位后，传统的政治权威不复存在，新兴的各种政治力量为重建政治权威和政治秩序进行了各种探索和尝试。其间经历了宋教仁被刺、二次革命、袁世凯称帝、护国战争、张勋复辟、段祺瑞再造共和、府院之争、护法战争、直皖战争、直奉战争、江浙战争、北伐战争、中原大战等，夹杂着日本不停地在中国的侵略扩张，近代中国就在这样一个混乱无序的多重矛盾、多种中外政治力量的博弈斗争妥协中艰难地开启了现代化进程。

苦难深重的中华民族如何实现独立与富强？如何实现现代化？当年，在抗日战争进入最艰苦的相持阶段，出于对中华民族前途和命运的深切忧虑，著名学者蒋廷黻在资料匮乏的艰苦条件下，写成了《中国近代史》。蒋廷黻总结道：“近百年的中华民族根本只有一个问题，那就是：中国人能近代化吗？能赶上西洋人吗？能利用科学和机械吗？能废除我们的家族和家乡观念而组织一个近代的民族国家吗？能的话，我们民族的前途是光明的；不能的话，我们这个民族是没有前途的。因为在世界上，一切国家能接受近代文化者必致富强，不能者必遭惨败，毫无例外。”①

所以，近现代中国面临的问题千头万绪，但最根本的就是要建立一个民族国家，以民族国家的形式实现民族独立、解放和发展、富强。这其中最主要的是解决两个问题：

第一，实现民族独立和解放问题。对外抵御侵略，建构民族国家，必须以民族主义为号召，培育民族意识，建构民族共同体，对内则应该凝聚各族民众。清末在康有为、梁启超、杨度等人包括革命党人的宣传下，在列强入侵的逐步深入下，中国近代民族意识逐渐形成，特别是在日本全面侵华过程中，全国各界从上到下，中华民族意识空前崛起，中华民族完成了由自在到自觉的过程，民族整合，共同体意识基本完成。

第二，建立现代国家问题。对内重塑政治权威，重建政治秩序需要解决政治权威的主导权问题，即在什么样的政治力量的主导下，构建什么性质的国家政权，走什么样的政治发展道路问题。

从政治发展的视角看，近代中国面临着传统政治权威的衰败和政治系统的崩溃，面临着现代政治权威的重新塑造和现代政治系统的重构。而要完成这一任务，必须依靠一个强有力的

① 蒋廷黻著：《中国近代史》，武汉出版社2012年版，第2—3页。

现代政党。在这个过程中，中国国民党和中国共产党，围绕着重塑政治权威，建构国家秩序的领导权问题，围绕着中国政治发展的道路选择问题，进行了针锋相对毫不妥协的尖锐斗争。这种斗争构成了中国现代史的主要内容。国共两党为了取得斗争的胜利，都尽可能多地利用各种场合各种舞台进行宣传和引导国内各方政治力量，特别是争取走中间道路的民主党派和无党派民主人士，尽可能多地扩大已方阵营的政治资源和舆论道义资源，争取政治上的主导权。而民主党派也在这一过程中，从开始的不偏不倚走中间道路，到经过反复比较权衡，最终放弃了中间道路，选择了在中国共产党领导下走新民主主义道路。

二、协商建国

1946 年重庆谈判后，蒋介石撕毁“双十协定”悍然发动内战，大举进攻解放区。中国共产党领导中国人民解放军先后粉碎了国民党军队的全面进攻和重点进攻。从 1947 年秋季开始，解放军开始由战略防御转向战略进攻。这是一个伟大的转折，中国共产党领导的人民军队历经千辛万苦，不懈奋斗，第一次处于战略的优势地位。这一时期，建立新民主主义中国的历史任务已经提上议事日程。

1948 年 4 月 30 日，中国共产党中央委员会发布《纪念“五一”劳动节的口号》，在口号的第四项提出：“全国劳动人民团结起来，联合全国知识分子、自由资产阶级、各民主党派、社会贤达和其他爱国分子，巩固与扩大反对帝国主义、反对封建主义、反对官僚资本主义的统一战线，为着打倒蒋介石，建立新中国而奋斗！”[①] 在第五项建议中提出：“各民主党派、各人民团体及社会贤达，迅速召开政治协商会议，讨论并实现召集人民代表大会，成立民主联合政府。”[②] 5月1日，毛泽东致电在香港的中国国民党革命委员会中央主席李济深和中国民主同盟中央常委沈钧儒协商筹备召开新的政协大会，成立新中国。

中国共产党的号召和毛泽东的致电得到了民主党派、人民团体和社会各界人士的热烈响应。民革领导人李济深、何香凝，民盟领导人沈钧儒、章伯钧，中国民主促进会领导人马叙伦、王绍鏊，中国致公党领导人陈其尤，中国农工民主党派领导人彭泽民，中国人民救国会领导人李章达，中国国民党民主促进会领导人蔡廷锴，三民主义同志联合会领导人谭平山，无党派人士郭沫若等于5月5日联合致电毛泽东，表示赞同和响应中共中央的“五一”号召，电文称：“南京独裁者窃权卖国，史无前例。近复与美帝国主义互相勾结，欲以伪装民主，欺蒙世界，人民虽未可欺，名器不容假借，当此解放军队所至，浆食集于道途；国土重光，大计亟宜早定。同人等盱衡中外，正欲主张，乃读贵党五一劳动节口号等五项：‘各民主党派、各人民团体及社会贤达，迅速召开政治协商会议，讨论并实现召集人民代表大会，成立民主联合政府’。适合人民时势之要求，尤符同人等之本旨，曷胜钦企。”[③] 同日，李济深等民主党派领导人还通电国内外报馆及有关团体和全国同胞，希望共同策进。在香港的民主党派纷纷发表声

---

① 刘延东主编：《当代中国的民主党派》，当代中国出版社1999年版，第21页。

② 同①，第21—22页。

③ 同①，第23页。

明、宣言、告全国同胞书等，宣告响应中共的“五一”号召，积极推进政治协商会议的召开。

民革“号召本党同志，全国人民为新政协之实现，人民代表大会之召开，民主联合政府之成立而共同努力”[①]。并要求国民党控制下的一切军政人员，要认清形势，站到民主革命阵营方面来。

民盟在致全国各民主党派、各人民团体、各报馆暨全国同胞书中表明：“召开政治协商会议解决国是，为本盟一贯的政治主张”，“发动新政协运动，其意义不只在于准备新政协会议本省，而尤其在于通过这一运动来加速独裁政权的覆灭，以为新民主中国之诞生造成前提”。[②]

此外，民进、农工党、致公党也发表宣言支持“五一口号”，台盟在告台湾同胞书中号召“台湾同胞赶快起来响应和拥护中共中央的号召，配合全国人民的革命战争，广泛地展开反对美帝国主义、反对封建主义、反对官僚资本主义、反对台湾分离运动的各种斗争，准备参加‘政协会议’、‘人民代表大会’和‘民主联合政府’”。[③]

处于国统区的民建秘密召开中央常务理事、监事联席会议，一致通过决议，响应中共“五一”号召，并委托在香港的章乃器、孙起孟为民建代表，向中共表明拥护“五一”号召的立场和态度，并到解放区参加新政协筹备工作。在北平的九三学社

---

① 刘延东主编：《当代中国的民主党派》，当代中国出版社1999年版，第23页。
② 同①，第23页。
③ 同①，第24页。

因条件所限不能发表公开意见，直到北平和平解放前夕，才得以在报纸上公开发表了《拥护中共“五一”号召暨毛泽东八项主张的宣言》，宣称“中共中央建议召开无反动派参加之新政治协商会议，解决国是，同人等认为唯有循此途径，始可导中国于民主、自由、富强、康乐之境，愿共同努力，以求实现”①。中国国民党三民主义同志联合会、中国国民党民主促进会、中国人民救国联合会及无党派人士也发表声明，积极响应中共“五一”号召。

从以上党派的声明、宣言等可以看出，召开新的政治协商会议，成立民主联合政府，是当时各民主党派的共同愿望。中共的“五一”号召成为民主党派政治态度的试金石，赞成并支持召开新政治协商会议，成立民主联合政府，在民主党派历史上具有重要意义。民主党派成立之初，有着各自不同的政治主张，但经过了抗日战争和解放战争，经历了“国民参政会”和“国民大会”等政治斗争，充分认识到，自己所主张的中间道路走不通，他们的政治态度逐渐调整，政治方向逐步改变，在中国共产党的团结帮助下，逐渐向中国共产党靠拢，与中国共产党一道走上了一条新民主主义的革命道路。

三、共创伟业

政治体系的建构有赖于政治权威的确立，即新的政治权威得到各方政治社会力量的认同和支持。中国共产党的“五一口号”发布后，各民主党派纷纷响应中共号召，接受中共的政治主张和

① 刘延东主编：《当代中国的民主党派》，当代中国出版社1999年版，第25页。

邀请，从各地奔赴解放区，共商国是。新政协大会的召开是中国共产党和民主党派、无党派人士共同的愿望和要求，这其实也是中国国民党建立的以南京国民政府为标志的旧的政治系统的解体和以中国共产党为领导的新的政治系统的重新构建。

新的政协大会的召开，以中国共产党为领导，标志着中国近代以来中央政治权威衰败式微的现状持续了100多年，在各种政治势力和政治团体多次力图重建政治权威、重构政治系统的尝试和努力均告失败后，在中国共产党和各民主党派、无党派人士的努力下又一次实现了这样的政治目标。

关于新政协的领导权问题，各民主党派一致公认中国共产党的领导。革命领导权问题不是取决于谁的主观愿望，而是由客观历史条件决定的。在近代中国，曾经出现过无数个政治团体和政治力量力图领导中国实现国家的统一和民族解放，但共产党诞生之前，没有任何一个政治力量完成这一历史重任。新政协大会召开，共产党众望所归，也是历史的必然，得到了各民主党派和无党派人士的一致赞同。

民革提出："必须在中国的无产阶级政党——中共领导下"，革命"才有不再中途夭折的保证"。① 民盟致函毛泽东，"愿以至诚接受规定领导，在新民主主义建设的伟大事业中并愿与贵党密切配合，尽其应尽之责"。② 致公党表示"中共在中国革命艰苦而长期斗争中，贡献最大而又最英勇"③，"因此，这次新政协的召

---

① 刘延东主编：《当代中国的民主党派》，当代中国出版社1999年版，第27页。
② 同①，第27页。
③ 同①，第27页。

开，无疑我们得承认它是领导者和召集人”①。民进领导马叙伦认为，共产党是新政协“当然的领导者”②。

关于新政协的性质问题，各民主党派均认为，新政协与旧政协有三大不同：一是新政协的构成不同。旧政协由旧的政治势力构成，是大地主、大官僚、大买办及其代理人的国民党独裁集团；新政协是由新兴的先进政治力量的代表构成，以工农为主体，把传统旧的政治势力排除在外。二是指导思想不同。旧政协以三民主义为最高指导原则；新政协则以新民主主义为指导思想。三是任务不同。旧政协是革命阶级与统治阶级谋求妥协，希望以和平方式取得和平与民主；新政协则是工农阶级与一切爱国的各民主阶级的政治协商，排除了旧有的顽固反动势力，是和衷共济共建新中国。

关于由新政协产生的未来政权的性质和政治目标，民进提出了一份《中国民主促进会拟提出于政治协商会议之行动公约及政治纲领》，建议新中国是由“无产阶级、小资产阶级、民族资产阶级之各阶级共同执政之民主联合政权”，并提出这个政权“必须无产阶级及其政党之领导”③。农工党建议人民的新政权“是以最广大的农工劳动群众为中心，实行进步的新民主主义”，新政权将“充分保障人民自由权利和集体权利”④。民盟建议，新政协制定共同纲领，必须遵循“三个前提”（即代表各革命阶级利益

① 刘延东主编：《当代中国的民主党派》，当代中国出版社1999年版，第27页。

② 同①，第27页。

③ 同①，第27页。

④ 同①，第27页。

的前提，彻底消灭共同的敌人——官僚买办资产阶级、封建地主阶级、帝国主义的前提，实行新民主主义政治制度的前提）和“五项原则”[①]（即确认新民主主义为各革命阶级统一战线的临时联合政府的最高施政原则，新民主主义的经济政策为经济纲领的最高原则，人民解放军是民主联合政府军队的原则，民族的、科学的、大众的文化为文化教育的原则，互相尊重国家的独立与平等地位的原则）。此外，各民主党派和无党派民主人士还对召开新政协及推动人民解放战争提出了许多积极建议。

1949 年 1 月 31 日，北平宣布和平解放，新政协筹备会议决定在北平举行。新政协筹备会议由新政治协商会议提议人中国共产党与赞成中共 1948 年“五一口号”第五项的各民主党派、人民团体及无党派民主人士等 23 个单位，共计 134 名代表组成。[②]从 6 月 15 日到 9 月 20 日，新政协筹备会议共举行了八次全体会议。会议经过反复协商，就以下问题达成一致意见：

第一，商定了新政治协商会议代表名单。

第二，决定将新政治协商会议定名为“中国人民政治协商会议”，并通过了中国人民政治协商会议会徽图案。

第三，拟订政治协商会议文件草案。这些文件包括：《中国人民政治协商会议共同纲领（草案）》《中华人民共和国中央人民政府组织法（草案）》《中国人民政治协商会议组织法（草案）》。

第四，会议决定于 1949 年 9 月 21 日在中南海怀仁堂召开中国人民政治协商会议第一届全体会议。

---

① 刘延东主编：《当代中国的民主党派》，当代中国出版社 1999 年版，第 28 页。

② 同①，第 34 页。

新政治协商会议筹备会议召开期间，曾有不少其他政党团体要求参加会议。筹备会议共收到28件来函要求参加会议，其中有孙文主义革命同盟、民社党革命派、中国少年劳动党、光复会、中国农民党、中国民治党、中华平民教育促进会、人民民主自由同盟、民主进步党、中国人民自由党，等等。[①] 筹备会经过调查，坚持原则和标准，做出了正确处理。对于不符合参加新政协标准的组织，不考虑它们参加政协会议，并要求它们宣告解散组织；邀请他们之中有民主运动历史，又有一定代表性的民主分子以个人身份参加政协或在工作上给予适当安排。

1949年9月21日，中国人民政治协商会议第一届全体会议在北平召开，出席会议的有正式代表142名，代表中国共产党、民主党派、无党派民主人士、各人民团体、各民族、各区域、海外华侨及军队等共14个单位。这充分表明，中国人民政治协商会议组织从它产生起就具有广泛的代表性与合法性，是一个多党合作与协商的政治机构。大会通过了《中国人民政治协商会议组织法》《中华人民共和国中央人民政府组织法》和《中国人民政治协商会议共同纲领》三个历史性文件，为中华人民共和国的诞生奠定了基础。

《中国人民政治协商会议共同纲领》明确了人民政协的性质、任务和在当时历史条件下国家政权的性质，明确了中华人民共和国的国体和政体，决定了国家在当时各方面的重大方针政策，它在新中国建立初期具有临时宪法的作用。同时，它又是中共与各

---

① 刘延东主编：《当代中国的民主党派》，当代中国出版社1999年版，第38—39页。

民主党派团结合作的政治基础。

《中国人民政治协商会议组织法》规定了参加中国人民政治协商会议的单位和代表的产生办法；规定了中国人民政治协商会议的组织结构分为三个层次；规定了中国人民政治协商会议全体会议的职权。

《中华人民共和国中央人民政府组织法》规定了中央人民政府委员会对外代表中华人民共和国，对内领导国家政权；人民政府委员会下辖政务院，为国家政务的最高执行机关，人民革命军事委员会为国家军事的最高统辖机关；最高人民法院和最高人民检察署为最高审判机关和检察机关，并对政务院、军事委员会、最高法院和最高检察署的职权以及政务的机构设置都作了明确的规定。

新政协暂时代行了最高国家权力机关的职能，选举产生了中华人民共和国中央人民政府。这样，经过鸦片战争之后 100 多年的持续动荡与混乱无序，经历了一代又一代人的不懈努力奋斗，中国人民在中国共产党领导下，在各民主党派的积极参与下，终于完成了政治权威的重构和政治系统的重建，实现了现代民族国家的第一步——政治统一和政治秩序化。

第三章　民主党派与中国新型政党制度

政党政治是现代国家的普遍政治现象。对于由传统政治向现代政治转型的国家来说，强大的政党是实现国家政治稳定的基础和条件。而政党强大与否与政党制度密切相关，体现在政党与政党、政党与国家、政党与社会之间的关系上。所以，“处于现代化之中的政治体系，其稳定取决于其政党的力量，而政党强大与否又要视其制度化群众支持的情况，其力量正好反映了这种支持的规模及制度化程度”①。

政治制度化是政治现代化的重要标志。对现代政党政治来说，能否实现政治稳定，有效推动政治发展和国家治理现代化是判断政党制度是否有效的重要标准。民主党派是中国新型政党制度中重要的行为主体。民主党派与中国共产党共同创造的中国新型政党制度，是中国政治发展的重要成果，也推动了中国政治发展和国家治理的现代化。民主党派是在现代史上追求中华民族独立和解放的历史背景下诞生的。这也是中国共产党新民主主义革命的政治目标。正是在这样的共同的目标下，民主党派与中国共

---

①　塞缪尔·P. 亨廷顿著：《变化社会中的政治秩序》，王冠华、刘为等译，生活·读书·新知三联书店1989年版，第377页。

产党才能够和衷共济，团结一致，共同创造中国的新型政党制度，并通过这种政党制度的发展和完善，推动中国民主政治的发展和现代国家治理体系的完善。

第一节　多党合作的早期探索和实践

中国的新型政党制度既是中国政治发展的结果，也重构了现代中国的政治秩序，推动了现代国家治理的发展。但这种政党制度既不是对西方政党制度的照抄照搬式的机械学习，也不是对苏联东欧等国政党制度的简单移植和模仿，而是在中国近现代政治实践基础上经过反复探索和尝试，一步步发展而来的。构成中国新型政党制度重要行为主体的两个方面，中国共产党和民主党派互相支持，密切合作，共产党的引领和帮助，民主党派的支持和配合，形成了世界上独特的政党政治模式。

一、“三三制”政权的尝试和民主联合政府

早在民主革命时期，中国共产党就积累了地方政权建设的实践经验。抗日战争时期，在抗日民族统一战线的旗帜下，中国共产党在抗日根据地开始了统一战线性质的政权建设实践和探索，这就为民主人士参加中国共产党领导的抗日民族统一战线性质的政治实践提供了参与和锻炼的机会，同时也丰富发展了中国共产党政权建设和执政经验，为探索新民主主义革命过程中民主联合政府的构想提供了现实依据。

（一）“三三制”政权的构想和实践

中国共产党在延安时期局部执政期间，最大的特色就是在陕甘宁边区和各抗日根据地实行的容纳社会各界人士参政的协商民主政治实践。“‘三三制’是党在延安时期局部执政最基本的政权组织形式。”[①] 通过“三三制”的政权组织形式，真正实现了各阶级各阶层人民当家作主，参加国家事务管理。

1940 年 3 月 6 日，毛泽东在《抗日根据地的政权问题》的讲话中提出：“在抗日时期，我们所建立的政权的性质，是民族统一战线的。这种政权，是一切赞成抗日又赞成民主的人们的政权，是几个革命阶级联合起来对于汉奸和反动派的民主专政。它是和地主资产阶级的反革命专政区别的，也和土地革命时期的工农民主专政有区别。对于这种政权性质的明确了解和认真执行，将大有助于全国民主化的推动。过左和过右，均将给予全国人民以极坏的影响。”[②]

毛泽东强调，政权建设要“力避过右和过左的倾向。目前更严重的是忽视争取中等资产阶级和开明绅士的‘左’的倾向”[③]。他第一次提出了“三三制”的政权组织原则：“根据抗日民族统一战线政权的原则，在人员分配上，应规定为共产党员占三分之一，非党的左派进步分子占三分之一，不左不右的中间派占三分之一。”[④] 根据地政权组织结构中保证共产党员在政权中占领导地

---

① 中国延安干部学院编：《党在延安时期局部执政的历史经验》，中央文献出版社 2010 年版，第 60 页。

② 《毛泽东选集》第 2 卷，人民出版社 1991 年版，第 741 页。

③ 同②，第 742 页。

④ 同②，第 742 页。

位。因此，必须使占三分之一的共产党员在质量上具有优越的条件。只要有了这个条件，就可以保证党的领导权，不必有更多的人数；必须使党外进步分子占三分之一，因为他们联系着广大的小资产阶级群众；给中间派以三分之一的位置，目的在于争取中等资产阶级和开明绅士。

毛泽东特别强调共产党员要做好与党外人士的合作："对于共产党以外的人员，不问他们是否有党派关系和属于何种党派，只要是抗日的并且是愿意和共产党合作的，我们便应以合作的态度对待他们。"① 毛泽东告诫全党各级领导干部，"为着执行这个政策，必须教育担任政权工作的党员，克服他们不愿和不惯同党外人士合作的狭隘性，提倡民主作风，遇事先和党外人士商量，取得多数同意，然后去做。同时，尽量地鼓励党外人士对各种问题提出意见，并倾听他们的意见。绝不能以为我们有军队和政权在手，一切都要无条件地照我们的决定去做，因而不注意去努力说服非党人士同意我们的意见，并心悦诚服地执行"。② "对参加我们政权的党外人士的生活习惯和言论行动，不能要求他们和共产党员一样，否则将使他们感到不满和不安。"③

1940 年 3 月 11 日，毛泽东在延安党的高级干部会议上作的题为《目前抗日统一战线中的策略问题》的报告中提出："在抗日统一战线政权中，对于共产党员以外的人员，应该不问他们有无党派关系及属于何种党派。在抗日统一战线政权统治的区域，

---

① 《毛泽东选集》第 2 卷，人民出版社 1991 年版，第 742 页。

② 同①，第 742—743 页。

③ 同①，第 743 页。

只要是不反对共产党并和共产党合作的党派，不问他们是国民党，还是别的党，应该允许他们有合法存在的权利。抗日统一战线政权的选举政策，应该是凡满十八岁的赞成抗日和民主的中国人，不分阶级、民族、党派、男女、信仰和文化程度，均有选举权和被选举权。"①

毛泽东的"三三制"政权思想得到了党中央其他领导的支持。周恩来指出："'三三制'有两个特点，一个就是共产党不一定要在数量上占多数，而争取其他民主人士与我们合作。任何一个大党不应该以绝对多数去压制人家，而要容纳各方，以自己的主张取得胜利。第二个特点就是要各方协商，一致协议，取得共同纲领，以作为施政的方针。这两个特点是毛泽东同志'三三制'的思想。"②

1940 年春天，陕甘宁边区在绥德、陇东分区开始建立"三三制"的参议会和政府。1941 年在贯彻"三三制"的边区第二届参议会第一次会议上，选举李鼎铭和安文钦分别出任边区政府副主席、边区参议会副议长。由于边区实行照顾各阶级、阶层利益的政策，进一步扩大了民主的范围，吸引了各方政治参与的积极性，从而达到了团结各界各方的目的。陕甘宁边区是实行"三三制"原则最早和最成功的模范根据地。它的成功实践，也影响和推动了其他抗日根据地的政权建设。

这种"三三制"的政权组织模式既保证了共产党在政权中的领导地位，同时广泛地团结了广大的小资产阶级群众，争取中等

---

① 《毛泽东选集》第 2 卷，人民出版社 1991 年版，第 751 页。

② 《周恩来选集》上卷，人民出版社 1981 年版，第 253 页。

资产阶级和开明绅士，进一步发展抗日民族统一战线，调动各方面的积极因素，争取抗日战争的胜利，同时也开启了中国共产党与党外人士团结合作的尝试。根据地的党外人士开始逐渐了解共产党的一些方针政策和政治主张，而中国共产党也逐渐摸索与党外人士合作共识的一些经验教训。

（二）民主联合政府

“三三制”政权组织形式是中国共产党早期政权对多党合作问题的探索。在“三三制”政权组织形式的政治实践中，毛泽东开始逐步形成民主联合政府的思想。1940 年 1 月，毛泽东发表了《新民主主义论》，他指出：“新民主主义革命时期所建立的国家，是无产阶级领导的各革命阶级联合专政的国家，这种国家政权是无产阶级在民主革命阶段统一战线性质的国家政权。”①

抗战胜利前夕，中国面临着两种命运的前途和抉择。1945 年 4—6 月，中国共产党召开了第七次全国代表大会。毛泽东在会上作了《论联合政府》的政治报告，明确提出了建立无产阶级领导的新民主主义性质的国家政权问题，提出了把多党合作扩展到政权的合作，建立各抗日党派合作的民主政体的主张。②

毛泽东指出：“我们主张彻底打败日本侵略者之后，建立一个以全国绝大多数人民为基础而在工人阶级领导之下的统一战线的民主联盟的国家制度，我们把这样的国家制度称之为新民主主

① 《毛泽东选集》第 2 卷，人民出版社 1991 年版，第 668 页。

② 同①，第1029 页。

义的国家制度。”① 在还没有打败日本侵略者的情况下，“中国急需把各党派和无党派的代表人物团结在一起，成立民主的临时的联合政府”②。等中国人民从日本侵略者手中解放出来之后，“需要在广泛的民主基础之上，召开国民代表大会，成立包括更广大范围的各党各派和无党派代表人物在内的同样是联合性质的民主的正式的政府，领导解放后的全国人民，将中国建设成为一个独立、自由、民主、统一和富强的新国家”③。

随着中国人民即将取得新民主主义革命的伟大胜利，中共中央也开始着手绘制新中国人民民主专政的国家政权蓝图。1949 年 1 月底 2 月初，苏共中央政治局委员米高扬来访时，毛泽东告诉他：“这是由中国的经济条件、政治条件、革命条件、群众条件以及采用这种形式最有利于同民主人士合作所决定的”。④ 1949 年 3 月，中共中央在西柏坡召开七届二中全会，批准了召开新政治协商会议。

1949 年 6 月 30 日，毛泽东发表了《论人民民主专政》一文，将马克思主义的国家学说与中国实际相结合，创造性地阐明了中国社会各阶级在未来政权中的地位及其相互关系。毛泽东深刻地指出，唯一正确的革命道路是：“团结工人阶级、农民阶级、城市小资产阶级和民族资产阶级，在工人阶级的领导之下，结成国内的统一战线，并由此发展到建立工人阶级领导下的以工农联盟

---

① 《毛泽东选集》第 2 卷，人民出版社 1991 年版，第 957 页。

② 同①，第 1029 页。

③ 同①，第 1029—1030 页。

④ 郑宪、王志功主编：《统一战线与多党合作》，华文出版社 2002 年版，第 87 页。

为基础的人民民主专政。”①

对于“人民”这个词汇的内涵，毛泽东解释得很清楚：“人民是什么？在中国，在现阶段，是工人阶级，农民阶级，城市小资产阶级和民族资产阶级。”② 这种具有统一战线性质的人民民主专政政权组织形式中，对于各种社会阶层和政治力量的地位和相互关系毛泽东有明确的定位：“人民民主专政的基础是工人阶级、农民阶级和城市小资产阶级的联盟。而主要是工人和农民的联盟。因为这两个阶级占了中国人口的百分之八十到九十。推翻帝国主义和国民党反动派，主要是这两个阶级的力量。由新民主主义到社会主义，主要依靠这两个阶级的联盟。”③ “民族资产阶级在现阶段上，有其很大的重要性。……为了对付帝国主义的压迫，为了使落后的经济地位提高一步，中国必须利用一切于国计民生有利而不是有害的城乡资本主义因素，团结民族资产阶级，共同奋斗。但是民族资产阶级不能充当革命的领导者，也不应当在国家政权中占有主要地位。”④

新民主主义时期的人民民主专政特别要处理好同党外人士的合作问题，毛泽东在中国共产党第七届二中全会中央委员会第二次全体会议上的报告中，对此特别强调：“无产阶级领导的以工农联盟为基础的人民民主专政，要求我们党去认真地团结全体工人阶级、全体农民阶级和广大的革命知识分子，这些是这个专政

① 《毛泽东选集》第4卷，人民出版社1991年版，第1472页。
② 同①，第1475页。
③ 同①，第1478—1479页。
④ 同①，第1479页。

的领导力量和基础力量。没有这种团结，这个专政就不能巩固。同时也要求我们党去团结尽可能多的能够同我们合作的城市小资产阶级和民族资产阶级的代表人物，它们的知识分子和政治派别，以便在革命时期使反革命势力陷于孤立，彻底地打倒国内的反革命势力和帝国主义势力；……因为这样，我党同党外民主人士长期合作的政策，必须在全党思想上和工作上确定下来。我们必须把党外大多数民主人士看成和自己的干部一样，同他们诚恳地坦白地商量和解决那些必须商量和解决的问题，给他们工作做，使他们在工作岗位上有职有权，使他们在工作上做出成绩来。从团结他们出发，对他们的错误和缺点进行认真的和适当的批评或斗争，达到团结他们的目的。对他们的错误或缺点采取迁就态度，是不对的。对他们采取关门态度或敷衍态度，也是不对的。每一个大城市和每一个中等城市，每一个战略性区域和每一个省，都应当培养一批能够同我们合作的有威信的党外民主人士。我们党内由土地革命战争时期的关门主义作风所养成的对待党外民主人士的不正确态度，在抗日时期并没有完全克服，在一九四七年各根据地土地改革高潮时期又曾出现过。这种态度只会使我党陷于孤立，使人民民主专政不能巩固，使敌人获得同盟者。现在中国第一次在我党领导之下的政治协商会议即将召开，民主联合政府即将成立，革命即将在全国胜利，全党对于这个问题必须有认真的检讨和正确的认识，必须反对右的迁就主义和‘左’的关门主义或敷衍主义两种倾向，而采取完全正确的态度。”①

① 《毛泽东选集》第4卷，人民出版社1991年版，第1436—1437页。

中国共产党关于新民主主义联合政府、人民民主专政的政策主张和毛泽东关于与民主党派合作的思想为即将召开的人民政治协商会议和新的中央人民政府的成立提供了思想上和理论上的准备。这些思想和主张“为《共同纲领》的制定奠定了理论和政策基础。《共同纲领》的通过，又成为团结全国人民建设新民主主义国家的大宪章”①。

二、“五一口号”与中国新型政党制度的建构

“五一口号”是中国新型政党制度的开端，在新中国建立过程乃至近现代中国历史发展中有着重大而深远的政治意义。中国共产党此前与各民主党派和无党派民主人士的交流、沟通与合作，中国共产党关于“联合政府”与“人民民主专政”的思想和主张，也打消了民主党派在未来政权中对前途和地位担忧的顾虑。随着新民主主义革命进程的加速发展和“五一口号”的发布，各民主党派、各人民团体等政治社会组织对于“五一口号”热烈响应，社会各界在中国共产党的领导下参加新的政协会议，共同协商建国。这些重大历史事件深刻地决定着中国政治发展和未来道路走向。特别是中国共产党与各民主党派在这一过程中的团结合作、政治协商等重要政党政治活动，为中国新型政党制度的建立和发展奠定了基础。

（一）“五一口号”的背景及其政治内涵

1945 年，抗日战争胜利的曙光已经到来。抗战胜利后的中

---

① 薄一波著：《若干重大决策与事件的回顾》上卷，中共中央党校出版社 1991 年版，第 30 页。

国将去向何方成为当时中国各政党都要面对的一个迫切需要解决的问题。中国共产党、中国国民党和各民主党派纷纷提出了自己的政治主张。毛泽东代表中共中央提出了建立容纳各党派共同参与的联合政府的主张；蒋介石则坚持维护一党独裁的国民党政府；民主党派主张国内和平、民主和统一。国民党倒行逆施，坚持维护一党独裁，对要求和平民主的民主党派进行了无情镇压。在中国共产党的争取下，民主党派最终放弃了中间道路，接受了中国共产党的领导，走上了新民主主义革命的道路。

1945 年 4 月 23 日至 6 月 11 日，中共七大在延安召开。大会制定了党的路线，就是“放手发动群众，壮大人民力量，在我党的领导下，打败日本侵略者，解放全国人民，建立一个新民主主义的中国”①。毛泽东在《论联合政府》的政治报告中提出，只有建立联合政府才是目前中国时局的出路。毛泽东认为，“为着彻底消灭日本侵略者，必须在全国范围内实行民主改革。而要这样做，不废止国民党的一党专政，建立民主联合政府，是不可能的”②。

1945 年 5 月 5 日至 21 日，国民党在重庆召开了第六次全国代表大会。大会通过的《宣言》坚持独裁统治，拒绝成立联合政府。大会通过的对党内发布的《本党同志对中共问题的工作方针》，污蔑中共武装割据，破坏抗战，颠覆政府，危害国家。③

---

① 朱维群主编：《让历史告诉未来》，华文出版社 2008 年版，第 6 页。

② 《毛泽东选集》第 3 卷，人民出版社 1991 年版，第 1066 页。

③ 张同新著：《中国国民党史纲》下册，人民出版社 2012 年版，第 463 页。

中国民主同盟作为处在国共两党之间的第三种政治力量，早在 1944 年 5 月《对目前时局的看法和主张》中，就提出了“中国必须成为一个十足道地的民主国家”①。1945 年 10 月 1 日至 12 日，中国民主同盟第一次全国代表大会在重庆召开，大会通过了《中国民主同盟纲领》，提出目前要解决三个问题：（1）召集全国各党派及无党派的代表人士，共同举行圆桌会议，用和平协商的方式，对当前国家的一切问题，求得全盘彻底的解决。（2）建立联合政府，是实现“中国和平、团结、统一的唯一途径”，也是实现军队国家化，彻底消弭内战，平息党争的“唯一枢轴”。（3）召开名副其实的国民大会，结束党治，制定宪法，实行宪政。②

此外，1945 年冬天，中国人民救国会第一次全国代表大会的政治纲领和中华民族解放行动委员会的《对时局宣言》都提出了结束国民党一党专政，成立民主联合政府的政治主张。而抗战胜利后成立的中国民主建国会、中国民主促进会、九三学社、三民主义同志联合会、中国国民党民主促进会等民主党派也都表达了对和平和民主的期盼。

国民党当局置国内各方政治力量要求民主和平的呼声于不顾，不仅连续制造了昆明校场口惨案、下关惨案、李闻血案，还宣布民盟为非法组织，进行镇压，撕毁“双十协定”，自行宣布召开伪国大，并对解放区进行了进攻，挑起全面内战。在这种情

---

① 陈志远主编：《中国民主党派史稿（1928—1988）》，天津大学出版社 1993 年版，第 99 页。

② 同①，第 102 页。

况下，中共被迫进行坚决反击，并联合各民主党派和社会各界与国民党当局进行坚决斗争。

（二）民主党派热烈响应“五一口号”

1946 年 6 月蒋介石挑起全面内战，不顾中共和民盟的反对于 7 月宣布召开“国民大会”，彻底关闭了谈判的大门。国共全面内战由此爆发。经过两年多的军事斗争，到 1948 年春天，中共领导的武装力量已经粉碎了国民党的全面进攻和重点进攻，国内战场开始呈现势均力敌的局面。

1948 年 4 月 30 日中共中央委员会发布《纪念“五一”劳动节口号》，在口号的第四项提出：“全国劳动人民团结起来，联合全国知识分子、自由资产阶级、各民主党派、社会贤达和其他爱国分子，巩固与扩大反对帝国主义、反对封建主义、反对官僚资本主义的统一战线，为着打倒蒋介石，建立新中国而奋斗！”① 在第五项提出：“各民主党派、各人民团体及社会贤达，迅速召开政治协商会议，讨论并实现召集人民代表大会，成立民主联合政府。”②

5 月 1 日，毛泽东亲自致电在香港的中国国民党革命委员会中央主席李济深和中国民主同盟中央常委沈钧儒，就召集人民代表大会，成立民主联合政府，加强各民主党派、各人民团体的相互合作和拟定民主政府施政纲领等问题进行商榷。

---

① 刘延东等主编：《当代中国的民主党派》，当代中国出版社 1999 年版，第 21 页。

② 中国民主同盟中央委员会编：《中国民主同盟历史文献》（1941—1949），中国社会科学出版社 2012 年版，第 392 页。

中共中央的“五一”号召得到了各民主党派、各人民团体、无党派民主人士以及国外华侨的积极响应。聚集在香港的各民主党派领袖人物、无党派民主人士连日举行座谈会，并商定联名响应中共“五一口号”。5 月 5 日，中国国民党革命委员会负责人李济深、何香凝，中国民主同盟负责人沈钧儒、章伯钧，中国民主促进会负责人马叙伦、王绍鏊，中国致公党负责人陈其尤，中国农工民主党负责人彭泽民，中国人民救国会负责人李章达，中国国民党民主促进会负责人蔡廷锴，三民主义同志联合会负责人谭平山，无党派人士郭沫若等，代表各自的民主党派向全国同胞发出联合通电，并联名致电中共中央主席毛泽东，称“五一口号”提出的政治主张是“密和人民时势之要求，尤符同人等之本旨，何胜钦企，除通电国内各界暨海外侨胞共同策进，完成大业外，特行奉达，即希朗恰”①，表达了对中共提出的政治主张的赞同。随后，台盟、民进、致公党、民盟、农工党、民革、九三学社、民联、民促、救国会等党派也纷纷发表声明，积极响应中共的“五一口号”。此外，海外华侨、在港的无党派民主人士、中国学术工作者协会、留港妇女界人士等民众和团体都积极发表联合声明，赞同“五一口号”。

（三）“五一口号”的重要意义

中国共产党在纪念五一劳动节之际提出了自己的政治纲领和关于中国前途命运的政治主张，民主党派和无党派民主人士几经

---

① 中国民主同盟中央委员会编：《中国民主同盟历史文献》（1941—1949），中国社会科学出版社 2012 年版，第 391 页。

辗转权衡，从坚持走中间道路，到逐步向中共靠拢，最终接受了中国共产党的政治主张，愿意在中国共产党的领导下走新民主主义革命道路。中国共产党发布的“五一口号”，以及各民主党派和无党派人士公开响应“五一口号”，这一重大的历史事件有着极其重要的政治内涵。

第一，标志着各民主党派和无党派民主人士公开地、自觉地接受了中国共产党的领导。

近代100多年来政治进程都是伴随着传统政治权威的衰败、新的政治权威的重新树立展开的。但自1911年辛亥革命清帝退位以来，统一的中央权威消散，无数政治力量力图重建新的统一的政治权威，但由于政治主张、政治道路、政治利益和政治权力等诸多内在和外在因素制约，这些努力都没有真正获得成功。即使已经建立起全国政权的国民政府，内部也没有弥合各方政治分歧，没有真正获得社会各界广泛的政治认同。

中国共产党自诞生之日起，以民族民主旗帜为号召，坚持走民主革命道路。在第一次国共合作破裂后，坚持独立的领导革命武装，坚持统一战线的领导权。特别是在抗日战争胜利后，在反对国民党专制独裁的民主斗争中，中国共产党领导人民民主统一战线，坚持批评、教育和帮助民主党派。1947年12月底，毛泽东在杨家沟《中共中央扩大会议上的讲话》中强调“共产党的领导权问题现在要公开讲”①，并提出了实现党的领导的两个条件。正是在中国共产党的积极争取下，民主党派和无党派民主人

① 中共中央文献研究室编：《毛泽东文集》第四卷，人民出版社1996年版，第332页。

士在经历了较长时间的权衡、思考和观察后，最终接受了中国共产党的领导和政治主张。

第二，标志着各民主党派和无党派民主人士坚定地走上了新民主主义革命的道路。

在反帝爱国争取民主、反对国民党独裁统治的斗争中，民主党派以爱国、民主、反帝反封建为主导，与国民党政府展开了坚决斗争。但在民主党派内部，一些人士对美国和国民党抱有某些幻想，对共产党能否领导中国人民战胜国内外敌人颇有疑虑。1946 年政协会议的召开，使民主党派一度居于调和国共两党的“第三者”地位。张东荪、施复亮先后发表的《一个中间性的政治路线》《中间派在政治上的地位和作用》等文章认为：共产党和国民党谁也消灭不了谁，只能回到政协路线。他们主张对内“调和国共”，对外“兼亲苏美”①，政协路线就是这样一条路线。

在国民党坚持专制独裁的情况下，中间道路注定是没有出路的。1947 年 10 月 27 日，国民党内政部发言人发表了《国民政府宣布民盟为非法团体》，对民盟“严加取缔，以遏乱萌，而维治安”②。国民党对民盟和其他党派的打压，让民主党派认识到国共两党政治主张的阶级实质，从而放弃了中间道路的幻想，选择了中国共产党主张的新民主主义革命道路。

第三，标志着中国共产党和各民主党派、无党派民主人士合作关系揭开了新篇章。

---

① 朱维群主编：《让历史告诉未来》，华文出版社 2008 年版，第 99 页。

② 中国民主同盟中央委员会编：《中国民主同盟历史文献》（1941—1949），中国社会科学出版社 2012 年版，第 3371 页。

抗日战争时期，在国民参政会内部的政治活动中，中共与民主党派就有了初步的团结合作关系。抗战胜利后，围绕旧政协会议、重庆谈判、停战协定、国民代表大会的召开等问题，民主党派与中共协调立场，团结合作，在抵制国民党等伪国大召开、遏制国民党反动独裁活动中确立了进一步的政党合作关系。“五一口号”发布后，民主党派积极响应中共协商建国的政治主张，积极参与谋划新政协大会的召开，与中共团结一致，共商国是，确立了多党合作的基本框架，奠定了我国多党合作政党制度的基础。我国的新型政党制度也正是在这样的基础上完善和发展起来的。

三、中国新型政党制度的政治逻辑

1948 年“五一口号”的提出及民主党派对“五一口号”的热烈响应，标志着中国新型政党制度的开端。回顾“五一口号”提出前后的历史进程，以史为鉴重新审视当代中国的新型政党制度，我们会更清楚地认识到：之所以称为“新型”，是因为这种政党制度既有别于传统的西方选举型政党制度模式，也不同于苏联东欧或亚非新兴独立国家革命型政党制度类型，而且与我国历史上曾经出现过的政党制度类型也截然不同。我国的新型政党制度不仅要解决西方政党制度中国家权力的配置和使用问题，而且作为以民族独立富强为发展目标的新兴国家，更要解决重塑统一的政治权威，实现政治稳定，凝聚各方政治共识和引领政治发展道路的问题，完成社会整合和社会动员，构建良好的政党关系等一系列重大问题。所以，中国新型政党制度之所以称为“新型”主要体现在以下几个方面。

第一，中国的政党制度首先要解决政治权威问题，要坚持中国共产党的领导。

近现代的中国四分五裂，主要就是因为没有一个统一的被社会各界广泛认同的中央政治权威。所以，基本的政治秩序没有建立起来，国家自然不可能强大。而在当代中国，面对国内外各种矛盾和错综复杂的利益关系，面对中国改革攻坚和进一步的发展，没有一个强有力的政党领导下的稳定的政治和社会环境，就无法解决和协调发展中更深层次的矛盾，调节各方利益冲突。面对新时代中央提出的两个一百年奋斗目标，面对实现中华民族伟大复兴中国梦的巨大任务，必须坚持中国共产党的领导。

第二，中国政党制度要解决政治发展道路的认同问题，要坚持中国特色社会主义道路。

从新民主主义革命到社会主义革命和建设，再到改革开放，中国人民在中国共产党的领导下正一步步走上从站起来到富起来再到强起来的康庄大道。这是一条被近代 100 多年历史和实践证明了的中国发展的唯一正确道路。各民主党派和无党派人士也正是在现代中国的政治实践中逐步探索、思考和选择，才认同了这一道路。在新时代只有坚持这条正确的发展之路，才能同心同德，团结合作，携手共进，共同推动中国特色社会主义伟大事业更进一步。

第三，中国政党制度要解决政党关系问题，要坚持多党合作，更好发挥中国政党制度的功能。中国新型政党制度中的政党关系是与西方截然不同的。中国共产党和各民主党派是一种“长期共存、互相监督、肝胆相照、荣辱与共”的合作型政党关系，各民主党派是与中共团结合作的亲密友党，是法定的参政党。这种政党关系是在新民主主义革命的政治实践中自然形成的，也深深根植于以“和合”为价值的中国传统政治文化土壤之中，是一种新型的政党关系。

所以，“五一口号”是中国新型政党制度创立的开始。这一制度的创立是为了解决那个时代政治发展面临的最主要问题：凝聚政治共识，重塑政治权威，实现政治统一的任务。这也是自 1840 年鸦片战争以来，清政府中央权威逐步丧失乃至崩溃之后，100 多年来无数政治力量想尽一切办法而都没有完成的历史重任。

第二节　中国新型政党制度的探索和实践

1949 年 9 月，中国人民政治协商会议在北平召开，大会通过了具有临时宪法作用的《中国人民政治协商会议共同纲领》，同时选举成立了中华人民共和国中央人民政府。中国的多党合作开始了中华人民共和国成立后的探索与实践。

一、多党合作制度的初步形成

新中国成立之后，在共产党的领导下，民主党派与中国共产党团结合作，积极参加各种政治社会活动，为恢复国民经济、巩固人民民主政权作出了不懈的努力和奋斗。在这过程中，中国共产党领导的多党合作和政治协商制度经过大量探索实践和磨合，并初步形成。

（一）民主党派积极参加国家建设

1. 民主党派参加土地改革

1949 年《共同纲领》明确规定，“有步骤地将封建、半封建的土地所有制改变为农民的土地所有制”。[①] 民主党派和无党派人士中不少人与地主阶级有着不同程度的联系，有些人自己就是工商业者兼地主，或地主兼工商业者，对土地改革心存疑虑，也有不同看法。经过土改运动和共产党的帮助教育，这些人认识到了自己的错误观点，统一了思想认识。

民革主席李济深说，“封建半封建土地所有制的存在，障碍了人民的中国走上工业化和现代化的前程，我们中央人民政府和人民民主统一战线的每一个参加单位，都以最大的决心，来完成土地改革这一历史任务”。[②] 农工党主席章伯钧说：“我们中国农工民主党，在二十二年前，创党的时候，虽然提出耕地农有的土改政策，……因为没有采取依靠贫雇农的路线，不是站在以工人阶级为主导的立场，所以只提出发行土地债券，收买地主土地的办法，结果，对于中国农民的解放运动没有实际的贡献。”[③] 刘文辉说：“我就是一个大地主，拿四川话来说，就是‘大绅粮’。我将无条件无保留地献出我所有的一切土地，分给农民。”[④] 卢汉表示放弃过去地主享有的非法权益，回到家乡去解说劝导，协助土

---

① 张一道、刘俊岐等主编：《当代中国的人民政协》，当代中国出版社 1993 年版，第 559 页。

② 刘延东等主编：《当代中国的民主党派》，当代中国出版社 1999 年版，第 21 页。

③ 同②，第96 页。

④ 同②，第97 页。

改。邓锡侯说，“这样一个制度的改革，在我个人，我可以坦白地说，是和我本阶级的利益相冲突的”“我愿诚挚地拥护这样的一个土地改革，我要坚决地放弃本阶级的利益，来服从全国人民的利益，服从整个革命的利益”①“我抱定决心，不仅做到军事上的‘起义’，而且更要做到阶级上的‘起义’”。②

新中国成立前后的土地改革不仅是农村生产关系的重大调整和变革，而且是基层社会关系和社会秩序的重构，为维护新生政权稳定，开展大规模的社会主义建设奠定了必要的物质和组织准备。参加土地改革对民主党派成员来说是一次重要的思想政治教育实践活动。

2. 民主党派参加抗美援朝

1950 年 6 月 25 日，朝鲜战争爆发。美国积极干涉，并派第七舰队侵入中国台湾和台湾海峡，以武力阻挠中国人民解放台湾。周恩来代表中国政府发表声明，强烈谴责美国政府侵略朝鲜和中国台湾。6 月 30 日，农工党中央发表了《美帝强盗命运将和希特勒一样》的声明。民建组织各地会员抗议声讨美国暴行。但一些民主党派和无党派人士也暴露出崇美、恐美和亲美的思想，把美帝国主义的力量估计过高，怕“引火烧身”，幻想“关门建设消极防御”③，也有人主张“隔岸观火”，在忍耐退让中求生存。

---

① 刘延东等主编：《当代中国的民主党派》，当代中国出版社 1999 年版，第 97 页。

② 同①，第 97 页。

③ 同①，第 103 页。

毛泽东和中共中央几经权衡，决策出兵。民主党派积极支持中共中央的决策。1950 年 11 月 4 日，《各民主党派联合宣言》称：“朝鲜的存亡与中国的安危是密切关联的。唇亡则齿寒，户破则堂危。”① 此外，各党派纷纷召开会议，商讨对策。台盟发表《告台湾同胞书》。中国人民保卫世界和平反美国侵略委员会在北京成立，郭沫若为主席，彭真、陈叔通为副主席。各党派积极组织捐款捐物，包括飞机、大炮等军用物资。北京工商界捐献 31 架飞机，天津工商界捐献 38 架飞机，武汉工商界捐献 44 架飞机，上海工商界原定 270 架，实际捐献了 404 架飞机，其中民建捐 179 架，占 44%。② 马叙伦、王绍鏊成立爱国武器捐献委员会。北京分会发起“一碗肉劳军运动”。黄琪翔和夫人郭秀仪捐献西式楼房两座。致公党动员党员和海外侨胞募捐。

许多民主党派成员直接参加志愿军，武汉民盟发布《告学生家长书》动员 43 名盟员子女参加志愿军。民建胡厥文、胡子昂、吴蕴初等 60 多位会员把自己的子女送上前线。九三学社许德珩把自己的儿子送上前线。有的党派成员则奔赴朝鲜慰问志愿军。

3. 民主党派参加其他政治社会运动

新中国成立之后，为巩固新生政权，中央人民政府部署了镇压反革命的政治运动。之后，为建立稳定的国家经济秩序，中央政府又发起了“三反”和“五反”运动。民主党派通过参加

① 刘延东等主编：《当代中国的民主党派》，当代中国出版社 1999 年版，第 103 页。

② 同①，第 107 页。

“镇反”运动，清理整顿了组织队伍，通过参加“三反”“五反”运动，结合运动改造成员的思想，清除组织内部因历史原因留下的投机和反动成员，改造了成员的思想认识，纯洁了组织队伍，增强了内部的团结。

中华人民共和国成立初期的“镇反”运动、抗美援朝和“三反”“五反”运动是巩固新生政权、稳定周边安全和经济形势所采取的重要的政治军事和经济社会运动。在这些运动中，中国共产党带领民主党派积极参与各项活动，在活动中观察、认识和改变自身，适应新的政治社会环境，并在这个过程中，积累了多党合作的实践经验，为逐步探索新型政党制度做了有益的尝试。

4. 知识分子的思想改造运动

新中国成立后，中国的知识分子大约有200万人，主要集中在教育、科研、宣传、文化和企事业单位。知识分子是建设新中国不可缺少的一支重要力量，但从旧社会走过来，其思想价值观念等远没有达到《共同纲领》所要求的水平。为此，中国共产党在知识分子界开展了自我批评和自我改造运动。1950年6月，毛泽东在七届三中全会指出：“有步骤地进行旧有学校教育事业和旧有社会文化事业的改造工作，争取一切爱国知识分子为人民服务。在这个问题上，拖延时间不愿意改革的思想是不对的，对于性急、企图用粗暴方法进行改革的思想也是不对的。”①

同年政协一届二次会议上，毛泽东建议全国各民族、各民主

① 刘延东等主编：《当代中国的民主党派》，当代中国出版社1999年版，第121页。

阶级、各民主党派、各人民团体和一切爱国民主人士，都采用批评和自我批评的方法，实行自我教育和自我改造。

1951 年 6 月 5 日，政协第一届全国委员会常委会第 24 次会议决定成立总的学习委员会，负责清理机关工作人员的问题，还决定政协全国委员会与民主党派中央组织临时学习分会。各党派中央发出《各民主党派中央关于临时学习委员会工作的联合指示》，号召各民主党派地方机构成立学习委员会，清理机关工作人员的问题。通过学习，各民主党派和无党派民主人士的思想状况有了较大变化。

1951 年 9 月，周恩来在京津地区高校教师学习会上作了《关于知识分子的改造问题》报告，从立场问题、为谁服务问题、思想问题、知识问题、民主问题及开展批评和自我批评七个方面作了说明。

毛泽东在政协一届三次会议上再次强调知识分子的思想改造问题。“在我国文化教育战线和各种知识分子中，根据中央人民政府的方针，广泛地开展一次自我教育和自我改造运动，这同样是我国值得庆贺的新气象。”①

1952 年 1 月 5 日，政协一届全国委员会常委会第 34 次会议，作出了《关于开展各界人士思想改造的学习运动的决定》，要求各民主党派人士、无党派人士、工商界人士、宗教界人士参加思想改造学习运动，并成立全国政协学习委员会作为领导机构。主要学习内容如下。

---

① 《毛泽东文集》第 6 卷，人民出版社 1999 年版，第 183 页。

第一，学习理论。包括学习马克思主义基本原理，学习毛泽东思想，以求了解中国革命的前途，取得正确的革命观点；第二，学习政策。即学习《共同纲领》、中央和地方重要文件；第三，整风。即实行批评和自我批评，以求纠正违反国家利益、人民利益和革命利益的错误思想和错误行为。通过参加建国后的各种政治社会运动和有意识的政治学习，民主党派成员在思想认识上逐步向中国共产党靠拢，在组织建设等方面有了明显的进步和提高。这些变化有利于新中国的政权稳定和多党合作制度的巩固发展。

（二）人民政协的性质和任务

中国人民政治协商会议是中国人民爱国统一战线的组织，是中国共产党领导的多党合作和政治协商的重要机构，是我国政治生活中发扬社会主义民主的重要形式，是国家治理体系的重要组成部分，是具有中国特色的制度安排。

中国人民在长期的革命、建设、改革进程中，结成了由中国共产党领导的、以工农联盟为基础的，有各民主党派、无党派人士、人民团体、少数民族人士和各界爱国人士参加的，由全体社会主义劳动者、社会主义事业的建设者、拥护社会主义的爱国者、拥护祖国统一和致力于中华民族伟大复兴的爱国者组成的，包括香港特别行政区同胞、澳门特别行政区同胞、台湾同胞和海外侨胞在内的最广泛的爱国统一战线。

1949 年 9 月，中国人民政治协商会议第一届全体会议代行全国人民代表大会的职权，代表全国人民的意志，宣告中华人民共和国的成立，发挥了重要的历史作用。1954 年，第一届全国人民代表大会召开，会议通过了《中华人民共和国宪法》，宪法规定全国人民代表大会是我国的最高国家权力机关。这样产生了一个问题，此前代行最高国家权力机关的中国人民政治协商会议该何去何从？有人主张“干脆取消”；有些人认为政协不会有多大作用，地位将不如过去；有些人担心宪法上没有明确人民政协的地位，人民政协应该有一定的权力，应该具有国家权力机关或半权力机关的性质。

毛泽东强调，人民代表大会并不妨碍人民政协进行政治协商，而且人民政协广泛的代表性功能不是人民代表大会可以取代的。“政协全国委员会委员五百五十九人当中，当全国人民代表大会代表的一百四十人，只占总数的四分之一，还有四分之三不是人大代表，可见通过政协容纳许多人来商量事情很重要。虽然全国和地方的人民代表大会、国务院和各省市人民委员会各方面都容纳了许多人，但是还需要政协全国委员会和政协地方委员会。”① 政协要保留，但不能把政协搞成国家机关。“如果把政协全国委员会也搞成国家机关，那就会一国两公，是不行的。要区别各有各的职权。”他说：“人大和国务院是国家权力机关和国家管理机关，如果把人民政协也搞成国家权力机关，就成为二元论了，这样就重复了、分散了，民主集中制就讲不通了。”②

毛泽东在政协第二届全国委员会开幕前的座谈会上谈到了政协的五个任务：“第一，协商国际问题，进行国际活动，如对外发表宣言，反对侵略，保卫和平等；第二，各级人民政协协商同

① 《毛泽东文集》第 6 卷，人民出版社 1999 年版，第 384 页。

② 张一道、刘俊岐等主编：《当代中国的人民政协》，当代中国出版社 1993 年版，第 147 页。

级人民代表大会的候选人名单，协商同级人民政协组成人员的人选；第三，联系群众，向有关国家机关反映群众意见并提出建议；第四，协助国家机关，推动社会力量，为巩固工人阶级的领导，调整社会各阶级间的相互关系问题，协商处理人民政协的内部和党派、团体之间的合作问题；第五，在自愿的原则下，学习马克思主义理论，努力进行思想改造。”①

1954 年 12 月 25 日，《中国人民政治协商会议章程》经政协第一届全国委员会常务委员会和政协第二届全国委员会第一次会议讨论修改后通过。《章程》规定政协的性质是：“中国人民政治协商会议的性质是团结各民族、各民主阶级、各民主党派、各人民团体、国外华侨和其他爱国民主人士的人民民主统一战线的组织。”② 这一《章程》规定了政协不是国家权力机关和管理机关，也不同于一般的人民团体，而是具有党派性质的中国人民民主统一战线组织，是重要的政治协商机构。《章程》提出人民政协的基本任务是：“在中国共产党的领导下，继续通过各民主党派、各人民团体的团结，更广泛团结各族人民，共同努力，克服困难，为贯彻宪法实施，建设一个伟大的社会主义国家而奋斗。”③

这样，经过了第一届全国人民代表大会的召开和第二届全国政协大会的探索和讨论，人民政协的性质定位和主要作用基本确定下来。改革开放之后，1982 年 12 月 21 日，经过政协第五届全

---

① 张一道、刘俊岐等主编：《当代中国的人民政协》，当代中国出版社 1993 年版，第 155 页。

② 同①，第 153 页。

③ 同①，第 154—155 页。

国委员会第五次会议讨论，制定了新时期的政协章程。新的政协章程总纲指出："中国人民政治协商会议是中国人民爱国统一战线的组织。"① 人民政协作为爱国统一战线的组织形式，作为多党合作重要平台的性质更加明确。

（三）中国共产党与民主党派的政治协商制度

在新中国成立初期的政治和社会实践活动中，中国共产党与民主党派的团结合作和协商制度逐渐形成了三种主要形式。

第一，人民政协全国委员会和常委会。

根据《中国人民政治协商会议组织法》规定，中国共产党和中央人民政府对于一切有关国家大政方针和统一战线的重大问题，需要同民主党派及各界代表人士协商时，即提到政协全国委员会或其他常委会进行协商。经过协商取得一致，再由中央人民政府讨论，制定成法律法令，公布实施。

1949 年 10 月至 1954 年 12 月，政协全国委员会召开四次会议，常委会召开 64 次会议。第一届政协全国委员会有 180 名委员，其中民主党派和无党派人士 120 名，占 66.6%。政协常委会 26 名委员中，民主党派成员有 16 名，占 61.5%。②

第二，中国共产党同民主党派、无党派人士的协商会。

中国共产党根据需要，不定期就重大决策及国家大事、国内外形势、党派关系等问题和各民主党派领导人、无党派民主人士

---

① 张一道、刘俊岐等主编：《当代中国的人民政协》，当代中国出版社 1993 年版，第 263 页。

② 刘延东等主编：《当代中国的民主党派》，当代中国出版社 1999 年版，第 121 页。

举行协商会、座谈会。新中国成立初期，中国共产党领导中国人民进行了五大运动：土改、抗美援朝、镇压反革命、知识分子思想改造、“三反”、“五反”运动。这一时期的协商会，主要围绕这五大运动展开。

第三，双周座谈会。

双周座谈会是中国共产党和各民主党派、无党派民主人士及各人民团体经常交换意见、沟通思想的一种形式。双周座谈会最初是由民革、民盟、民进发起的。经参加人民政协的各党派各团体同意，以党派、团体为单位推派代表参加。每个党派单位的代表人数由单位协商决定，最多不超过 5 人，还可以更换。双周座谈会的主席，由在京的各民主党派及无党派民主人士依政协单位的次序轮值，每次座谈会由轮值主席召集，会前准备工作委托人民政协全国委员会秘书处代办。

座谈会还成立了由林伯渠、李济深、沈钧儒、黄炎培、陈叔通、马叙伦、章伯钧、许德珩、廖承志 9 人组成的主席团。

二、团结、进步、发展的工作方针

新中国成立后，经过几次全国统战工作会议，确定了中国共产党对民主党派团结、进步、发展的主要工作方针。为贯彻中国共产党对民主党派的基本方针，在新中国建立之初，中国共产党支持、协助民主党派展开了以下主要工作。

第一，支持民主党派召开全国代表大会或中央会议，总结历史经验，确定新中国成立后的政治纲领和组织方针。

1949 年底到 1950 年，各民主党派相继召开了各自的全国性会议。在这些会议召开前或者会议过程中，毛泽东、周恩来等中共领导分别会见会议代表并作报告，表达中共要继续同民主党派实行长期合作的态度和方针，帮助他们总结、回顾历史经验，确定今后的任务和方向。

民革第二次全国代表会议，合并了民革、民促、民联和国民党其他爱国民主人士。会议认为，“中国共产党的领导是中国民主革命胜利的根本保证。”① “人民政协的共同纲领便是我们行动的总纲领。”②

民盟一届四中全会扩大会议于 1949 年 12 月召开。会议通过的《中国民主同盟章程》总纲强调：“本盟接受中国共产党领导，并与之密切配合工作，以期在革命建国的伟大事业中尽其最大的努力。”③ 之后民盟也确立了组织发展方针：以大中城市为主，中上层知识分子为主，文教界为主。

中国民主促进会 1950 年召开第一次全国代表大会，通过的会章规定：“本会是由中国共产党领导的人民民主统一战线的一个组成部分，以中国人民政治协商会议共同纲领为纲领。”④ 强调接受中国共产党的政策领导和思想领导，尽一切努力为共同纲领的实现而奋斗。民进开始提出应以进步知识分子、自由职业者以及工商界人士，重点以文化、教育、科学技术工作者为发展对象（三届理事会第二次会议）；“以中小学教师为主要发展对象（三

---

① 刘延东等主编：《当代中国的民主党派》，当代中国出版社 1999 年版，第 74 页。

② 同①，第 74 页。

③ 中国民主同盟中央文史委员会编：《中国民主同盟历史文献》（上），文物出版社 1991 年版，第 60 页。

④ 同①，第 81 页。

届理事会第三次会议）”；1952 年 8 月，民进召开中央第一次全国组织、宣传教育工作汇报会，再次确认民进是以小资产阶级知识分子为主的统一战线性质的新民主主义政党派别，工作对象是中小学教职员和文化、出版界工作者。

第二，支持民主党派清理整顿组织，协商各自分工活动的主要范围和重点，发展成员。为了便于各党派坚持各自的特点，发挥各自的优势，中共帮助他们协商确定了各自的工作范围和发展对象的重点分工：民革是原国民党党员及与国民党有一定历史联系的人士；民盟是教育界的知识分子；民建是工商业资本家和与工商界有联系的知识分子；民进是中小学教师和文化出版界人士；农工党是公职人员和医务工作者；致公党是归国华侨及与华侨有联系的人士；九三学社是科技界高级知识分子；台盟是在祖国大陆的台湾省籍同胞。

新中国成立之初，党派人数较少，截至 1950 年底，民盟登记盟员 7000 多人，民革 1600 多人，民建 1600 多人，民进 200 多人，农工党 1600 多人，致公党 400 多人，九三学社 100 多人，台盟 158 人，总计不到 1.3 万人。[①] 1951 年召开第二次全国统战工作会议，提出了《1951 年协助各民主党派发展党员的建议》，要求各地在 1951 年协助各民主党派发展成员 1—2 倍，发展地区主要是各大中城市和省会，发展成员的条件是要求拥护《共同纲领》，并愿为其实现而奋斗。1953 年初，民主党派总数达 32000

① 刘延东等主编：《当代中国的民主党派》，当代中国出版社 1999 年版，第 72 页。

多人。[1] 与此同时，为了避免引起有关国家的疑虑和外交纠纷，经协商确定各民主党派取消原在外国及中国香港、中国澳门等地的分支机构，停止活动。

第三，帮助民主党派确定指导思想，推动各民主党派进行学习改造。

各民主党派作为阶级联盟性质的政党，内部包含了不同阶级阶层的人们，客观上有进步分子、中坚分子和右翼分子。为夯实多党合作的共同思想政治基础，在中国共产党的帮助下，民主党派主动进行思想政治学习，主要学习《共同纲领》、时事政策和毛泽东思想。

第四，推动支持各民主党派参加土地改革和各项民主改革运动，并在运动中协商合作。国民经济恢复时期，中共领导开展了土地改革、抗美援朝、镇压反革命、“三反”、“五反”和知识分子思想改造运动。各民主党派积极参加运动，发挥积极作用，在运动中锻炼和提高了成员素质，改造了思想，密切了同中共的合作。

三、社会主义基本制度建立后多党合作的探索

新中国成立之后的新民主主义社会时期，民主党派参加了历次大的政治社会运动，与共产党团结合作在实践中探索前进。1953 年，中国进入了社会主义改造时期，到 1956 年底，社会主义改造基本完成，中国从此消灭了剥削制度，消灭了资产阶级，

---

① 刘延东等主编：《当代中国的民主党派》，当代中国出版社 1999 年版，第 72 页。

公有制经济占绝对地位，基本建成了社会主义社会。社会主义社会中，民主党派如何发展，民主党派的性质、地位和作用如何确定，以及民主党派与中国共产党之间的关系又该如何确定？

（一）社会主义改造时期的民主党派

社会主义改造是指1953年到1956年底，新中国政府在中国共产党的领导下对农业、手工业和资本主义工商业的改造，其目的就是在中国建立以公有制为基础的社会主义基本制度。1952年底，根据毛泽东的建议，中国共产党提出了过渡时期的总路线。“从中华人民共和国成立到社会主义改造基本完成，这是一个过渡时期。中国共产党在这个过渡时期的总路线和总任务，是要在一个相当长的时期内，基本上实现国家工业化和对农业、手工业、资本主义工商业的社会主义改造。”①

社会主义改造是依据马克思主义的基本原理，对生产资料所有制的改造，是对生产关系的重大调整，同时，社会阶级阶层关系也发生重大变化。新民主主义社会存在包括资本主义经济在内的五种经济成分，而社会基础也存在包括民族资产阶级和小资产阶级在内的不同社会阶级阶层。生产资料的社会主义改造完成后，私有制在中国社会基本被消灭，而资产阶级和小资产阶级作为独立的社会阶层也已经不存在了。

生产资料的社会主义改造对民主党派产生了重大的甚至是决定性的影响。建国初期，在新民主主义社会中作为民族资产阶级、小资产阶级及其知识分子的代表，民主党派具有一定的社会

---

① 《毛泽东选集》第5卷，人民出版社1977年版，第89页。

基础和明确的代表性。社会主义改造完成之后，资产阶级不存在了，民主党派的社会基础和代表性问题，无论是从理论还是实践方面，都发生了较大的转变。对于民主党派性质的认识，中国共产党内部也出现不同的意见。而民主党派鉴于阶级基础——民族资产阶级和小资产阶级已经不存在，对未来的存在和前途深感迷茫。加之 1954 年第一届全国人民代表大会的召开，人民政协代行最高国家权力机构的历史使命已经结束，所以民主党派对自身要不要继续存在、多党合作要不要继续等问题产生了极大的困惑。

（二）长期共存，互相监督方针的提出

1953 年到 1956 年底，中国开始了从新民主主义社会到社会主义社会的社会主义改造过程。国家对农业、手工业和资本主义工商业的社会主义改造，在中国社会消灭了资产阶级，而代表民族资产阶级和小资产阶级的民主党派的社会基础也不复存在。新民主主义社会有多种经济成分存在，有多个社会阶层存在，也有民主党派存在。但在社会主义条件下，废除了私有制，消灭了资产阶级，中国还需不需要民主党派，需不需要实行多党合作，这是一个重大的理论和实践问题。毛泽东对社会主义改造之后民主党派存在的价值和意义，对于多党合作的未来发展有深入的思考，并作出了明确的解答。

1956 年 4 月 25 日，毛泽东在中共中央政治局扩大会议上作了《论十大关系》的重要讲话。在谈到共产党与民主党派的关系问题时，毛泽东说："究竟是一个党好，还是几个党好？现在看来，恐怕是几个党好。不但过去如此，而且将来也可以如此，就

是长期共存，互相监督。”①

“在我们国内，……的许多民主党派，现在还继续存在。在这一点上，我们和苏联不同。我们有意识地留下民主党派，让他们有发表意见的机会，对他们采取又团结又斗争的方针。一切善意地向我们提意见的民主人士，我们都要团结。……这对党，对人民，对社会主义比较有利。”②

1956 年 9 月 15 日，中共八大召开。刘少奇在中共八大的政治报告中也提出“应当采取共产党和各民主党派长期共存，互相监督的方针”③。邓小平在《关于修改党的章程的报告》中对“长期共存，互相监督”方针作了阐述。④

1957 年，毛泽东在最高国务会议上作了《关于正确处理人民内部矛盾》的讲话，提出“凡是一切确实致力于团结人民从事社会主义事业的、得到人民信任的党派，我们没有理由不对他们采取长期共存的方针”⑤。“为什么要让民主党派监督共产党呢？这是因为一个党同一个人一样，耳边需要听到不同的声音。大家知道，主要监督共产党的是劳动人民和党员群众。但是有了民主党派，对我们更为有益。”⑥ 周恩来和中央统战部等对这一方针向民主党派做了广泛的宣传。这种长期共存，互相监督逐步成为一种多党合作的政治共识。

---

① 《毛泽东选集》第 5 卷，人民出版社 1977 年版，第 278 页。

② 同①，第 278—279 页。

③ 刘延东主编：《当代中国的民主党派》，当代中国出版社 1999 年版，第 246 页。

④ 同③，第 247 页。

⑤ 同①，第 394 页。

⑥ 同①，第 394—395 页。

所以，社会主义改造完成之后，民主党派在中国共产党领导下参加了国家事务管理，参加了国家政治生活中重大问题的协商、决策和执行，为实现国家在过渡时期的总任务，推进我国社会主义事业的发展，作出了积极贡献。民主党派这一时期在国家政治生活中的作用可以归纳为“参、代、监、改”，即：参加国家政权，参加国家事务管理，要求成员及其所联系的群众积极参加国家建设，在各自的岗位上贡献力量；代表和反映所联系的成员的阶级、阶层的合法利益和合理要求；在国家政治生活中，中国共产党与民主党派实行互相监督；在自愿的基础上，组织广大成员学习马克思主义、毛泽东思想和国家的大政方针，进行思想改造，培养和提高理论水平，夯实多党合作的共同思想政治基础。

（三）多党合作的制度化

1982 年 1 月，胡耀邦在第 15 次全国统战工作会议上作了关于《开创统战工作新局面》的重要讲话，提出：“在新的历史时期中，我们一定要同党外朋友真正建立起肝胆相照、荣辱与共的关系。”同年 9 月，中共十二大的政治报告明确指出：我们党要继续坚持“长期共存，互相监督”“肝胆相照，荣辱与共”的方针，加强同各民主党派、无党派民主人士、少数民族人士和宗教界爱国人士的合作。这样，继 1956 年毛泽东提出“长期共存，互相监督”的八字方针后，胡耀邦又增加了“肝胆相照，荣辱与共”八个字，中国共产党与各民主党派关系“十六字”方针正式确立，并成为新时期中国共产党领导的多党合作的基本方针。

“文化大革命”后，我国的民主党派重新恢复了活动，多党合作事业也蒸蒸日上。但民主党派参政和监督的形式和内容没有规范，边界没有廓清，多党合作制度规范没有形成。1989 年 1 月 2 日，邓小平同志在中央统战部的一份反映民主党派成员对多党合作问题的建议上批示："可组织一个专门小组（成员要有民主党派的），专门拟订民主党派成员参政和履行监督职责的方案，并在一年内完成，明年开始实行。"① 这一批示，为推动我国多党合作走上规范化、制度化轨道奠定了坚实基础。

1989 年〔14〕号文件明确规定："各民主党派是反映人民群众意见、发挥监督作用的一条重要渠道。充分发挥和加强民主党派参政和监督的作用，对于加强和改善共产党的领导，推进社会主义民主政治建设，保持国家长治久安，促进改革开放和现代化建设事业的发展，具有重要的意义。"② 文件还规定了民主党派参政和履行监督的具体形式。从此，我国的多党合作在新时期逐步走向制度化、规范化和程序化，而民主党派参政议政和民主监督的职能也进一步明确和规范。

第三节　中国新型政党制度的特点和优势

政党制度是一个国家的各个政党在政治生活中所处的法律地位，是政党同国家政权的关系，政党自身的运转方式以及政党在

---

① 《邓小平论统一战线》，中央文献出版社 1991 年版，第 294 页。

② 刘延东主编：《当代中国的民主党派》，当代中国出版社 1999 年版，第 527 页。

行使国家政权或干预政治的活动方式、方法、规则和程序。政党制度是国家政治制度的重要组成部分，是现代民主国家维持国家政权系统正常运转和对国家事务进行管理的主要政治形式。

我国实行的是中国共产党领导的多党合作和政治协商制度，它规定了中国各政党在国家政治生活中的地位、作用和相互关系，执掌政权、参政的方式和程序，具有鲜明的中国特色和巨大的优越性，并深刻影响着国家政治制度和社会成员的政治活动方式。

一、我国政党制度的基本特征

中国多党合作的政党制度是中国历史文化和现实国情下的产物，具有鲜明的中国特色。其基本特征是：共产党领导、多党派合作，共产党执政、多党派参政。中国的政党制度在政党关系、政党与国家政权的关系和政党与社会的关系方面明显不同于世界其他国家。中国的政党制度适合中国国情基础，能够促进社会主义民主政治的发展，其基本特征也是它的显著优势所在。

中国共产党领导的多党合作和政治协商制度是我国的一项基本政治制度，也是我国的政党制度。这一政党制度是马克思主义政党理论和统一战线学说与我国实际相结合的产物，是符合中国国情的社会主义政党制度。

中国共产党处于领导和执政地位。中国共产党的领导地位是在长期革命、建设和改革的实践中形成、巩固的。经过长期的艰苦奋斗，中国共产党领导中国人民完成了新民主主义革命的任务，实现了民族独立和人民解放；建立了人民当家作主的国家政权，实现了国家的统一和各民族的空前团结；建立了社会主义制度，实现了中国历史上最广泛最深刻的社会变革；开创了中国特色社会主义事业，为实现中华民族的伟大复兴探索出了一条正确道路。中国共产党的领导是中国人民民主专政国体的内在要求，是实现国家完全统一、促进世界和平、建设社会主义现代化的根本保证。

各民主党派是中国的参政党，是参加国家政权，参与国家大政方针和国家领导人选的协商，参与国家事务的管理，参与国家方针政策、法律法规的制定与执行的亲密友党。

中国共产党与各民主党派、无党派人士实行合作。中国共产党与各民主党派在长期革命、建设和改革的实践中形成了亲密的友党关系。中国共产党在社会主义初级阶段的基本路线得到各民主党派的认同，建设中国特色社会主义成为中国各政党的共同的政治目标。中国共产党与各民主党派、无党派人士实行广泛的政治合作，照顾同盟者的政治利益和物质利益，团结他们共同前进。

中国共产党与各民主党派既亲密合作又互相监督。这种监督是在坚持四项基本原则的基础上，通过提出意见、批评、建议的方式进行的政治监督。由于中国共产党处于领导和执政地位，更需要来自民主党派的监督。民主党派民主监督的主要内容是：国家宪法和法律法规的实施情况；中国共产党和政府重要方针政策的制定和贯彻执行情况；中共党委依法执政及中共党员领导干部履行职责、为政清廉等方面的情况。民主党派的监督，对于加强和改善中国共产党的领导，健全社会主义监督体系，有着重要而独特的作用。

二、符合中国国情的新型政党制度

政党政治虽然是现代民主国家的普遍现象，但是由于各国具体国情不同，政党制度也就各具特色，异彩纷呈。按具体形式划分有一党制、两党制、多党制、多党合作制等。从当今世界各国实行的政党制度看，林林总总，各不相同。即使相同类型的政党制度，在不同国家具体的实践模式也迥然不同。

中国共产党领导的多党合作和政治协商制度作为当代中国的一项基本政治制度，它既不同于西方国家较为普遍的两党制、多党制，也不同于一些国家实行的一党制，而是适应中国政治发展的需要而产生的，符合中国国情的新型政党制度。这种新型的政党制度主要表现在政党关系、政党与国家政权的关系以及政党与社会的关系三个方面。

第一，在政党关系方面，中国共产党处于领导地位。这种政治上的领导地位是在长期革命、建设和改革的实践中形成、巩固的。中国共产党对民主党派的领导指的是政治领导。政治领导就是中国共产党对国家的政治原则、政治方向、重大决策的领导和向国家政权机关推荐重要干部。政治领导的核心是路线、方针、政策的领导。党根据马克思主义理论和客观实际，经过与民主党派的协商与讨论，确定党长远的和一定历史时期的纲领、目标和任务，规定实现目标的步骤和方法，制定正确的路线、方针和政策，引导人们沿着正确的政治方向前进。通过定期与民主党派的沟通与交流，使民主党派认同并支持将党的主张经过法定程序上升为国家意志，通过党组织的活动和党员的先锋模范作用带动广大人民群众作为主要方式，实行对国家事务的领导。

在长期的革命、建设和改革开放过程中形成了共产党领导，多党派合作的新型的政党关系。这种政党关系彻底地改变了西方和世界其他国家政党关系的传统。当今世界各国，无论实行两党制还是多党制，其政党之间的关系都是具有竞争性的。由于各个政党的社会基础、政治理念和施政方针各不相同，政党彼此之间势同水火，各不相容，不但政党之间的合作难得一见，一个政党对其他政党的领导更是无法想象的。

第二，从政党与国家政权的关系来看，中国共产党是执政党，而各民主党派则是参政党。中国共产党的执政地位是历史形成的，是宪法予以明确规定的，也得到了各民主党派和广大人民的一致认同，是不能有丝毫动摇和否定的。参政党的定位，是根据各民主党派在中国政治生活中的实际作用确立的，也是由中国人民民主专政国体的内在要求所决定的。人民民主专政是工人阶级的领导和人民民主的统一，各民主党派作为各自所联系的一部分社会主义劳动者、社会主义建设者和拥护社会主义的爱国者的政治联盟，属于人民的范畴，他们在中国共产党的领导下参加国家政权和参与国家事务的管理，是人民民主即社会主义民主的重要体现。参政党的地位和参政权利受到宪法和法律的保护，参政党参政具有制度规定的广泛的领域和途径。

中国的民主党派作为中国多党合作制度下的参政党，与西方政党制度中的反对党、在野党有着本质的区别。两党制和多党制是当今世界各国较为普遍的政党制度模式。无论是两党制还是多党制，都是指政党在选举过程中，通过控制议会多数席位或赢得总统选举的胜利而执政的制度。在竞选中获胜的政党，行使国家权力，被称为“执政党”或“在朝党”；在选举中失败的政党被称为“反对党”或“在野党”。

不能否认，两党制和多党制是西方民主政治现代化的产物，是历史进步和民主政治发展的产物，这些政党制度的建立和发展又推动了西方民主政治的发展。但是这种政党制度的弊端也是显而易见的。政党分赃制就是这种政党制度衍生出来的必然结果。即选举竞争获胜的政党，将行政职位分配给本党主要骨干的做法。这种做法的目的是很明确的：首先它是对本党干部做出贡献的赏赐，否则党务人员将没有动力为政党服务；其次，政党通过让本党主要领导成员占据主要行政职位，达到控制行政体系和国家机关的目的；最后，本党干部占据国家机关的重要职位，在政党执政期间，极大地加强了本党的各方面实力，更加巩固了政党的合法统治地位。究其实质，执政党的利益诉求得到有效的表达，而在野党或者反对党的政治意愿难以倾诉，所以不同政党的政治参与和政治效能感表现出较大差别，容易引起政党关系的紧张、对立和矛盾。

中国的政党制度也不同于历史上在一些国家（主要是苏东地区）实行的一党制。在一党制国家中，存在一个政党，或者虽然存在多个政党，但只有一党能够掌握政权。这种政党体制下，其实国家政权被一党垄断，其他政党或者被禁止或者无法分享政权，这样的政党体制就叫一党制，其弊端自不必多言。

中国的民主党派作为参政党，其参政地位受到法律保障，在分享国家政权的基础上同中国共产党实行广泛的合作，主要体现在：第一，中国共产党就重大方针政策和重要事务与各民主党派、无党派代表人士进行政治协商。第二，人民代表大会是国家权力机关，各民主党派成员和无党派人士在人民大会代表、人大常委会委员中占有适当比例，依法履行职权。第三，中央及地方各级人民政府是国家行政机关，法院、检察院是司法机关。各民主党派成员、无党派人士担任国家及地方各级政府和司法机关的领导职务；各级人民政府通过多种形式与民主党派、无党派人士联系，发挥民主党派、无党派人士的参政议政和民主监督作用。第四，中国人民政治协商会议（简称人民政协）是中国人民爱国统一战线组织，是中国的多党合作制度的重要机构，它在民主党派参政议政方面发挥了重要作用。所以，我国的参政党的参政地位从法律、制度到机构设置，予以了充分保障，而它们参政的实际效果也是有目共睹的。①

第三，从政党和社会的关系来看，各民主党派同共产党合作共事，一道承担了部分社会管理职能。

社会管理职能是政府对内公共管理职能的一个重要方面。当今中国，拥有9000多万党员的中国共产党无疑是中国广大人民利益的最根本的代表。在履行社会管理职能上，中国共产党作为执政党是责无旁贷的。但是，随着社会主义市场经济体制的建立和完善，中国传统的计划经济时期形成的比较稳固的社会结构也在发生重大变化，进行新的分化和重组。出现了许多新的社会阶层和社会群体。私营业主、中介组织的从业人员、职业经理人和自由职业人员等新的社会阶层的出现就是显著标志。民主党派由

---

① 《中国的政党制度》白皮书。

于其自身定位的特殊原因，与许多新兴的职业群体有着天然的密切联系，在联系这些新兴社会群体的过程中有着得天独厚的有利条件。这样就形成了共产党代表最广大的人民群众，民主党派和无党派人士代表各自所联系的特殊的社会阶层和群体，共同致力于社会主义事业的各项建设和管理的有利局面。

中国的多党合作和政治协商制度既有利于民主党派的专业和特长，又有利于发挥他们广泛联系不同社会阶层人士的政治优势，协同共产党一道做好社会管理工作。中国共产党十七大报告中就明确提出了社会建设的目标①，民主党派在社会管理中的作用得到了更大的发挥。

西方的政党都是建立在一定社会阶层基础之上的政治组织，不同的政党所代表的阶层的利益是不同的。执政党的社会基础再广泛也不可能代表整个社会所有阶层的利益，而只能是一定社会阶层的利益代表，其政策制定和实施也只能反映和有利于一定社会阶层的利益。而中国的政党制度则有明显的优势。共产党代表中国最广大人民的根本利益，民主党派代表各自所联系的部分社会群体的利益，在根本利益一致的基础之上又能反映出不同社会阶层具体利益的差别。这样，在国家政策制定和履行社会管理职能时就可以很好地照顾到社会各阶层最广大人民的根本利益，降低决策和社会管理成本，提高管理效率。

三、我国政党制度的显著优势

政党制度就其内容来说包括三个要素：一是国家对政党的政

---

① 胡锦涛：《高举中国特色社会主义伟大旗帜 为夺取全面建设小康社会新胜利而奋斗——在中国共产党第十七次全国代表大会上的报告》（2007 年 10 月 15 日）。

治地位、活动规范和执政参政的法律规定；二是事实上形成的政党活动方式、执政参政方式、党际关系、政党与社会团体的关系，以及社会对政党的体认程度；三是政党自身的组织原则和组织体系。[①] 世界上没有评判政党制度的普世标准，任何一种政党制度都有其优点和不足之处，如果一定要找出一种评价标准来衡量政党制度，那只能是：一种好的政党制度一定要适合一个国家现实国情，能够促进一个国家民主政治和经济社会的发展。

中国共产党领导的多党合作和政治协商制度，深深根植于中国的社会历史和传统文化的土壤中，是马克思主义统一战线理论同中国革命与建设实践相结合的一个制度创新，是我国近现代政治发展的必然结果，适应了当代中国的现实国情。

从经济结构上看，我国现阶段实行的是以公有制为主体、多种所有制经济成分共同发展的基本经济制度，这种社会经济制度必然形成人们在共同利益一致性基础上又存在具体利益的差别和矛盾。从政治结构上看，我国是工人阶级领导的以工农联盟为基础的人民民主专政的国家。所以我们实行的多党合作和政治协商制度既能够体现共产党代表全体人民根本利益，也能够反映出由各民主党派广泛联系的不同阶层、社会群体的具体利益、愿望和要求。从政治文化传统上看，中国的多党合作制度契合了中国优秀传统文化，是“大一统”和“和而不同”的政治文化的现实的制度阐释。既体现了矛盾的对立统一，又反映了政治斗争中的妥协与合作，是中国现实政治活动的生动表现。

---

① 施雪华主编：《政治科学原理》，中山大学出版社2001年版，第318页。

中国共产党领导的多党合作和政治协商制度，为社会主义民主政治的发展提供了很好的制度安排。通过这一制度，各民主党派选派代表直接参政议政，或者以政党形式参与民主协商、监督，并以其所联系的群众为依托，广泛吸纳和反映来自社会各方面、各阶层的意见与建议，有助于保障国家政治生活的民主化，体现社会主义国家人民当家作主的本质要求和独特优势。

实践证明，中国共产党领导的多党合作和政治协商制度，是同我国人民民主专政的国体相适应的政党制度，是符合中国国情、具有中国特色的民主政治制度。经过 70 多年的发展，特别是改革开放后 40 多年的改革和完善，这种政党制度日趋成熟、稳固且越来越展现出其巨大的优越性和强大的生命力，并以其显著的优势和特色为世界政党制度的丰富和发展提供了生动的现实道路。

第四节　中国政党制度的价值和功能

中国政党制度有其自身的特点和规律。政党的起源及功能作用不同是中国政党与西方政党最根本的区别。在一定程度上，中国政党制度与发展中国家的政党制度更具可比性。中国的政党和政党制度具有一般政党制度的共同价值和规律，民族性和民主性的价值追求是其长久发展的必然选择。

政党和政党政治是当今世界各国的普遍政治现象。中国政党制度的功能研究为中国政党制度的合理存在确立了现实依据，而中国政党制度的价值研究为中国政党制度存在的意义和未来发展奠定了理论支撑。政党和政党制度的存在及其运行有一定的规律，这也是政党理论研究的基本逻辑起点，不承认这一点，就不存在政党理论研究；但政党及其政治活动在世界各国又表现出明显的差异，这正是政党理论研究的基本动力和意义所在。政党理论研究的目的就是探讨政党运行的一般规律和各国政党运行的差异，以此相互比较借鉴，扬长避短，发挥优势，完善和发展本国的政党和政治制度，为本国的政治发展提供参考。所以政党理论研究必然也必须是采用某种程度的比较研究。

一、政党理论研究的比较与借鉴

比较的方法是人们认识事物、研究社会科学的基本方法之一，是社会科学中最常用的三种方法之一，同时也是最古老的一种政治学的研究方法。“比较是人类认识世界的基本方法，当这种方法被系统地用来认识政治现象时，就形成了政治的比较研究；当比较的对象是各自独立的政治体系时，这种政治的比较研究就成为比较政治学。”① “实际上，更确切地说，政治学就是源自比较政治研究。著名的比较政治学家阿尔蒙德就说过，从本质上讲，政治理论的大传统是比较的、分类的和类型学性质的。”② 比较政治学研究对于一国实际政治大有裨益。对于政治社会的研究，既需要实证研究，但又不可能进行模拟实验，只有通过对历史的和他国的政治实践、政治现象进行比较研究，才能对某些政

① ［美］霍华德·威亚尔达著：《比较政治学导论：概念与过程》，娄亚译，北京大学出版社 2005 年版，第 1 页。

② 张小劲著：《比较政治学的历史演变：学科史的考察》，《燕山大学学报》（哲学社会科学版）2000 年第 1 期，第 26 页。

治原理进行验证。通过比较，可以提高人们政治认识和政治判断的能力，扩大人们政治抉择的幅度，并使人们了解各种政治抉择的根据和代价，在政治实践中借鉴并吸收有益的政治经验，避免不必要的政治挫折和失误。

政治科学的比较研究自古就有很好的传统。早在古希腊时期，亚里士多德的名著《政治学》就提供了比较政治研究的实例和资料。以后各时代、各国的学者也有关于比较政治研究的论述。但比较政治学作为一门独立学科形成于第二次世界大战以后。美国政治学者加布里埃尔·阿尔蒙德（Gabriel A. Almond）1980 年出版的《比较政治学：体系、过程和政策》是该学科的奠基之作。

比较政治学的研究对政治学学科的发展起了积极的作用。它大大丰富了政治学研究的内容，拓展了政治学研究的领域。比较政治学研究中发现的一般原理和原则，充实了政治学的理论。政党制度理论作为政治学研究的一个基本内容，也必须遵循政治科学研究的一般规律和重要的研究方法，其中之一就是世界政党制度的比较研究。所谓事物的普遍性和特殊性，或者兼而有之，都是通过比较之后才得以体现的。没有比较，如果仅“把特殊性当作普遍性，把经验当作规律，拒绝研究其他政党，把自己封闭起来，必然只能在本党或本类政党的狭小眼界里观察问题，在自己的经验和惯性思维里面打转转”。“如果我们承认政党是一种普遍的政治现象，那么，我们就不能不承认，政党活动必然遵循一些共同的规律和规则。”① 中国政党制度理论研究如要深入发展，必

① 王长江主编：《政党政治原理》，中共中央党校出版社 2009 年版，第 19 页。

须在世界政治理论的比较借鉴方面下功夫。比较是政党研究中不可缺少的一环，是政党研究从描述性研究上升到政党理论的必经之途。没有比较，如何能归纳出世界政党的普遍规律？没有与世界政党的普遍规律作比较，中国政党制度又何谈“中国特色”呢？

比较政党研究的对象当然是各国政党和政党制度。世界政党及政党制度的比较主要着眼于政党的产生、政党的性质和功能，政党的组织结构和运行方式以及政党与国家、政党与社会以及政党与政党间的关系。其中，政党的功能和价值是比较核心的问题。但是，倘若仅局限于政党的功能和价值比较，还不足以真正深刻认识中国与世界各国的政党在功能和价值方面的异同。政党的功能和价值是根植于特定政治系统中，与政党的产生、政党的性质和政党制度密切相关的。这些都是比较政党制度应该考察的具体内容。

二、中国政党制度的“中国特色”

“政党既然是一种普遍的现象，那么，各种不同或相同类型的政党之间无疑是可以进行比较的。事实上，在我国，首先是认识到了政党之间进行比较的可行性，才有了科学意义上的对政党的研究。”① 政党既然是一种普遍现象，那么，它自身的存在和活动必然要遵循某种普遍规律，即政党的产生、政党的性质和特征具有一定的共性。

从政党的产生来看，政党既是一定政治环境的产物，也反作

---

① 王长江主编：《政党政治原理》，中共中央党校出版社 2009 年版，第 11 页。

用于它所存在的政治环境。这种政党和政治系统之间的作用和反作用，还不仅表现为如迪韦尔热所谓的以议会为衡量标准的“内生党”和“外生党”。在西方以外的许多地方，政党是既有政治系统的变革者和新的政治系统的构建者。政党是一定阶级的政治组织，政党的性质是由其所代表的阶级属性决定的，它的政治纲领是其阶级性的反映。政党的主要特征如下：

第一，政党是阶级的政治组织，具有鲜明的阶级性。政党肩负着维护本阶级的利益，以及团结、组织和率领本阶级群众以及同盟者进行共同斗争的重任。第二，政党制定代表本阶级利益的政治纲领或章程，用以组织和领导本阶级群众和同盟者为实现其政治目标而共同斗争。第三，政党有一套组织系统和一定的纪律约束，以便为实现其政治纲领或章程进行有效的斗争，并在斗争中发挥其领导和指挥作用。第四，政党同社会、特别是国家政权紧密相连。在政党之间总是围绕着维护或者夺取国家政权而进行着斗争。

中国的执政党——中国共产党，作为世界政党的重要组成部分，当然具有一般意义上的政党所具有的一般特征。但是，深入考察中国执政党的起源、性质和特征，则与发展中国家的许多政党，特别是与西方国家的政党具有明显的不同。具体表现如下。

首先，中国执政党的产生具有“中国特色”。

法国政治学家莫里斯·迪韦尔热谈及政党的产生和发展时，曾把政党分为“内生党”和“外生党”两种类型。[①] 一种是诞生

① 林勋建为《西方政党政治译丛》写的总序。北京大学出版社2006年版。

于体制内的政党，一种是产生于体制外的政党。体制内的政党是议会内部反对派别联合形成的，它是现行政治体制内的政治活动的结果。体制外政党，即现行的政治体制没有为这种政党提供合法存在和活动的空间，而这种政党的存在和活动也是以推翻现行的政治体制为目的的。这种政党产生和存在于民族解放运动和新兴的民族独立国家中。“政党是这些国家中未来社会的缩影，政党被看作是独立变量。社会和政府依赖政党组织，依赖政党领导者的决策以及政党向社会施加的安排。”[①] 中国共产党从成立到新民主主义革命的胜利，绝大部分时间是被北洋政府和国民党政府当作“非法”政治组织而存在的。而它自成立之日起，也先后以推翻北洋政府和国民党政府为目标。它的产生既区别于西方的体制内政党，也不同于印度等产生于殖民地的政府，认可殖民地政治系统的国大党等政党，就其纲领和组织结构方面，中国共产党尤其鲜明的政治纲领和严密的组织机构，这与领导民族独立国家的政党如缅甸的自由同盟等也有很大区别。

其次，中国执政党的性质和特征具有“中国特色”。

政党的分类有不同的标准。一种是根据政党的性质来划分，可以分为无产阶级政党和资产阶级政党，此外还有地主阶级政党和小资产阶级政党等。根据政党意识形态制定的政治纲领，政党可以分为资本主义政党、民主社会主义政党、马克思主义政党和民族主义政党。根据政党与国家政权的相互关系可以分为代表党

---

① ［美］戴维·E. 阿普特著：《现代化的政治》，陈尧译，上海人民出版社2011年版，第138页。

和团结党。[1] 团结党源于改变社会、重构社会关系、发展一种不同的意识和道德的渴望，通常在动员社会中出现。政党活动具有组织性、整体性，政党要求党员必须绝对服从。代表党是承认既有的政治体制，在协调制度的框架内运作，具有高度制度化的领导角色。[2]

中国共产党的性质和特征具有明显的“中国特色”。中国共产党第十八次代表大会通过的《中国共产党章程》，对党的性质表述为：“中国共产党是中国工人阶级的先锋队，同时是中国人民和中华民族的先锋队，是中国特色社会主义事业的领导核心，代表中国先进生产力的发展要求，代表中国先进文化的前进方向，代表中国最广大人民的根本利益。”[3] 新修订的党章对中国共产党性质的表述与传统的马克思主义政党有明显变化。即由阶级性的特色向民族性特色转化，将阶级性和民族性合二为一，既要体现其鲜明的阶级先锋队的性质，又要注重体现其作为执政党的维护整个政治系统正常运转的整体民族利益的一面。就其属性来看，既有传统马克思主义政党的某些特征，同时又符合现代世界一般政党的发展趋势。

最后，中国政党制度具有“中国特色”。

政党制度也称为政党体制。“无论什么样的政党，其目的都是为了掌握政权，由此形成的各政党之间、政党与政权之间的关

---

① ［美］戴维·E. 阿普特著：《现代化的政治》，陈尧译，上海人民出版社2011年版，第153—156页。

② 同①，第153—156页。

③ 《中国共产党章程》，人民出版社2012年版，第1页。

系网络或结构，就叫政党体制。讲的通俗点，所谓政党体制就是政党从政模式。”① 政党制度是国家法律规定或实际生活中形成的政党的社会地位和作用，特别是政党执掌、参与或影响国家政权的具体体制和运行机制。包括与其他政党的相互关系制度，是现代国家政治制度的重要组成部分。

中国政党制度明显的“中国特色”，表现在政党之间就是中国共产党与民主党派之间是政治上的领导和被领导的关系；在政党与社会的关系方面，中国共产党起源于政治运动，是在动员社会、改变社会、重构社会关系中出现的，它先是重构社会关系的决定性力量，而后才表现为连接国家和社会的纽带；在政党与国家政权关系问题上，是中国共产党的政治活动产生了公共权力，而后成为国家的领导者。政党领袖首先是党的领导，其次才是政府首脑，表现为党对国家权力的全面控制。

中国共产党的产生背景、性质和特点以及中国政党制度的特征反映在中国政党制度的功能和价值上具有“中国特色”，与西方政党制度和世界其他国家的政党制度有明显的不同。

中国近代的政治系统是由中国旧有的传统政治势力、帝国主义侵华势力和新兴的资产阶级政治力量共同塑造的。中国共产党是在近代中国这样一个特定的历史条件和政治环境下产生的，有其独特和鲜明的政治纲领，这就决定了它自诞生之日起就是现有政治系统的反抗者和改造者。经过政治运动和社会动员，中国共

① 王长江主编：《政党政治原理》，中共中央党校出版社2009年版，第163页。

产党成功地重塑了旧有的社会关系，产生了新的政治系统、公共权力和国家。在此过程中，重塑了与国家政权、社会和其他政党的关系。所以，戴维·E. 阿普特说：“在反抗殖民地政权过程中诞生的政党，很容易发现，这些政党实际上变成了准国家。对于执政党而言，意味着政党已经将党的功能和责任与国家和行政机关的功能和责任混同在一起了。”① 认识到这一明显的不同，有助于我们更深入地理解和把握中国政党制度的价值和功能。

三、中国政党制度的功能和价值

功能指的是事物所具有的能力、力量和影响、作用，而价值则是功能发挥出来后所体现的意义所在。政党制度的功能和政党的功能是既有联系又有区别的两个概念。政党功能的发挥有赖于政党制度的良好构架和运行，政党制度的功能则是政党功能发挥制度作用后的具体体现。而政党制度发挥作用又是以一定的政治系统为基础和条件的。所以，政党制度的功能发挥内在的由政党的功能决定，外在的由政党制度与政治系统的互动关系决定。

根据政党在不同政治系统中的具体活动，学者们从不同的角度探讨政党的功能。有的从社会与政党关系的视角探讨政党的功能；有的从政党的组织结构和制定纲领方面探讨政党的表达功能和沟通功能；有的力求全面地概括政党的功能，列举了政党的目

---

① ［美］戴维·E. 阿普特著：《现代化的政治》，陈尧译，上海人民出版社 2011 年版，第 141 页。

标制定、利益表达、社会化和动员以及精英的形成与遴选功能。[①]萨托利则简单将政党的功能概括为表达（expression）、引导（channalment）和交流（communication）。[②]但也有学者列举了政党的十一种功能。

需要指出的是，不同的国家、不同的政治系统中，政党的功能并不完全相同。“发展中国家的政党，由于往往肩负着领导民族独立、国家发展和社会进步的使命，除了一般政党所具有的基本功能外，还有创造民族认同感、唤醒对政治体系的参与意识、提供政治教育和训练等功能。”[③]

中国政党制度的功能主要体现在政党与国家、政党与社会和政党之间关系三个方面。当代中国的政党制度和政治制度是在特定的历史条件和政治条件下形成的。中国共产党在这一过程中起着决定性的作用。中国共产党不仅是原有政治系统的颠覆者，而且还是新的政治系统的构建者。即，中国共产党不是国民党政府政治体制内的政党，而是摧毁原有的政权建立新的政权的政治组织，也是新的国家的构建者。这种特定的政党和国家关系决定了当代中国政党制度的首要功能是政治稳定功能，即维护现有政治系统的正常运转，维护执政党的执政地位；在政党与社会的关系问题上，中国政党制度表现为动员、影响和塑造社会的功能，即

---

① ［英］戴维·米勒、韦农·波格丹诺编，邓正来主编：《布莱克维尔政治学百科全书》，中国政法大学出版社 2002 年版，第 562 页。

② ［意］G. 萨托利著：《政党和政党体制》，商务印书馆 2006 年版，第 83 页。

③ ［美］约瑟夫·拉帕隆巴拉、迈伦·韦纳主编：《政党和政治发展》，普林斯顿大学出版社 1966 年版，转引自王长江主编《政党政治原理》，中共中央党校出版社 2009 年版，第 54 页。

政治社会化的功能，表现为对社会的控制功能；在政党关系上发挥着对民主党派的政治领导和巩固、完善多党合作的政党关系的功能。

政党和政党制度是现代民主政治的产物。政党和政党制度必定服从和服务于民主实践，反映其存在和意义。当代中国政党制度的功能和价值是特定的历史条件下政党、国家和社会关系的反映，但不是恒定不变的。当现有的政治系统的合法性不再依靠政党制度的功能表达时，中国的国家、社会和政党关系必然出现调整和重构，中国政党制度的功能和价值也必然遵循世界政党制度的一般规律，向着民族性和民主性的方向发展。

从 1948 年到 2018 年，“五一口号”发布已经过去了 70 年，中国的新型政党制度也进入了新时代。中共十九大提出了“两个一百年”的奋斗目标，新时代面临的新形势和新任务也为中国新型政党制度的发展提出了新要求。2019 年 2 月 6 日，习近平总书记与党外人士共迎新春时强调：“中国特色社会主义进入新时代，多党合作要有新气象，思想共识要有新提高，履职尽责要有新作为，参政党要有新面貌，引导广大成员增进对中国共产党和中国特色社会主义的政治认同，使新时代多党合作展现出勃勃生机。”新时代习近平总书记对我国的政党制度，对多党合作的思想共识，对民主党派的职能任务和党派自身的建设等重要方面提出了新的要求，同时也为我国的多党合作这一新型政党制度的发展和完善指明了新的方向。新时代的新型政党制度要为党的“两个一百年”奋斗目标服务，要为实现中华民族伟大复兴的中国梦服务。

所以，在未来的中国新型政党制度方面，我国的民主党派要在凝聚思想共识上下功夫，把理论的清醒变成信仰的坚定；要在参政议政上下功夫，真正围绕党和国家的工作中心，把老百姓关心的急需的问题解决好；要在民主监督上下功夫，让基层群众都能享受国家进步带来的成果；提高自身的能力和水平，最大限度地发挥我国新型政党制度的功能。

第四章　民主党派基本职能的确立

传统政治向现代政治转变的一个重要标志就是政治职能的分化和专业化。现代政治系统会产生越来越精细的专业职能部门，有助于准确、及时、高效地应对不同政治领域各种复杂多变的政治决策。

中国的新型政党制度在中华人民共和国成立时最主要的功能是重构政治系统和政治秩序，重塑新生政权的合法性。随着人民民主专政国家政权的逐步巩固，中国政党制度也需要满足现代政治发展的现实需要，逐步完善利益表达、政治参与、社会整合、民主监督和维护稳定的功能。中国政党制度的许多功能是通过多党合作和民主党派履行不同的政治职能实现的。民主党派的政治职能是民主党派自身存在的价值和意义的最主要体现。民主党派的政治职能与党派自身的性质和社会基础密切相关。随着中国社会由新民主主义社会向社会主义社会的转变，民主党派社会基础和性质也发生了深刻变化，而其政治社会职能也在此过程中逐步确立和完善。

第一节　中国新型政党制度的探索和实践

“五一口号”的提出和民主党派的积极赞同，解决了民主党派和社会各界对中国共产党领导权的认同问题，解决了民主党派的政治方向和政治道路的选择问题。虽然此前有局部执政与党外人士合作的探索和尝试，但是第一次作为全国的执政党，中国共产党在如何处理同民主党派和党外人士的相互关系方面没有太多经验。特别是随着1954年第一次全国人民代表大会的召开和1956年底中国社会主义改造的基本完成，中国的国家权力结构和社会阶级阶层关系发生了巨大的变化。人民政协代行国家权力机关的历史使命已经完成，作为民主党派的阶级基础——民族资产阶级和小资产阶级已经消亡，民主党派的性质和职能将如何定位？民主党派存在的价值和意义又是什么？这是中国共产党和民主党派必须正视的问题，同时也是中国新型政党制度必须解决的理论和现实问题。

中国的多党合作和政治协商制度既不是谁天才的设计，也不是仿效苏联或东欧亦步亦趋，而是在不断解决中国政治发展中各种困难和问题的实践中逐步探索、发展完善起来的。

早在新民主主义革命即将胜利前夕，毛泽东在中国共产党第七届二中全会第二次全体会议上的报告中用了大段的篇幅来讲共产党员与党外人士团结合作的重要性以及如何在政权中相处的问题。毛泽东认为：“我们党同党外民主人士长期合作的政策，必须在全党思想上和工作上确定下来。”[①] 对于如何贯彻党同党外民主人士长期合作的方针政策，毛泽东指出：“我们必须把党外大多数民主人士看成和自己的干部一样，同他们诚恳地坦白地商量和解决那些必须商量和解决的问题，给他们工作做，使他们在工作岗位上有职有权，使他们在工作上做出成绩来。从团结他们出发，对他们的错误和缺点进行认真的和适当的批评或斗争，达到团结他们的目的。”[②] 他要求“每一个大城市和每一个中等城市，每一个战略区域或每一个省，都应当培养一批能够同我们合作的有威信的党外民主人士”[③]。

毛泽东讲话的内容既反映出他作为眼界开阔的政治家的高瞻远瞩，同时从另一个侧面也反映出他对党内大批干部还未能真正理解与民主党派和党外人士团结合作的重要意义的担忧。他告诫党内：“由土地革命战争时期的关门主义作风所养成的对待党外民主人士的不正确态度，在抗日时期并没有完全克服，在一九四七年各根据地土改高潮时期又曾出现过。这种态度只会使我党陷入孤立，使人民民主专政不能巩固，使敌人获得同盟者。”[④]

新中国成立后，中共党内不少干部的确滋长了骄傲自满的情绪，对于民主党派和党外人士的任职安排很有意见。存在着“早革命不如晚革命，晚革命不如不革命，不革命不如反革命”[⑤]，民

① 《毛泽东选集》第4卷，人民出版社1991年版，第1437页。
② 同①，第1437页。
③ 同①，第1437页。
④ 同①，第1437页。
⑤ 刘延东主编：《当代中国的民主党派》，当代中国出版社1999年版，第66页。

主党派的作用就是“一个头发的功劳”① “任务已尽”② “可有可无”③ “民主党派是包袱”④ 等错误观点。

与此同时，民主党派对建国后自身的存在价值和意义也有许多消极看法。不少民主党派内部有解散的声音。1949 年 12 月 19 日，中国人民救国会自行宣布“光荣解散”⑤。民主党派在建国后倾向解散的思想与党派章程确定的政党的政治目标密切相关。中国民主促进会会章规定：“本会至国民代表最高权力机构成立后，由大会决议，宣告结束。”⑥ 好多党派的政治目标就是实现中华民族的独立和解放。有的党派的成立就是要推动中国民主政治的发展。所以，抗日战争胜利后，特别是中华人民共和国中央人民政府成立后，不少民主党派认为自己的历史使命已经完成。中国人民救国会解散后，1950 年 2 月，农工党第五次干部会议与二中全会也发生了“存”“废”问题的争论。

毛泽东出访苏联回来后表示，救国会是进步团体，不应当解散。民主党派不应该取消，“不但要继续存在，而且要继续发展”⑦。1950 年 2 月 26 日，中央统战部在关于农工党第五次干部会议与二中全会的通报中明确提出 ：“第一，各民主党派在政治上均不发生存废问题，凡参加人民政协会的民主党派过去与中共有团结奋斗的历史，今后在《共同纲领》的基础上更有合作奋斗

① 刘延东主编：《当代中国的民主党派》，当代中国出版社 1999 年版，第 66 页。
② 同①，第 66 页。
③ 同①，第 66 页。
④ 同①，第 66 页。
⑤ 同①，第 66 页。
⑥ 同①，第 66 页。
⑦ 同①，第 66 页。

的必要；第二，中国共产党与各民主党派将长期合作下去，这不仅是策略手段，也是目的；第三，为了长期合作，各民主党派在社会上也应该适当分工，各党派的关系，应作必要调整；各党派内部需要作必要的整顿与提高。”①

经过 1950 年 3 月第一次统战工作会议和 1951 年 1 月第二次统战工作会议的讨论，中共中央基本明确了民主党派的性质、地位和作用以及对民主党派工作的基本原则和方针、政策。

第一，关于提高对民主党派工作重要性的认识。

针对建国初期中共党内少数同志在多党合作问题上的关门主义态度，毛泽东指出：“对民主党派及非党人物不重视，是一种社会现象，不仅党内有，党外也有。民主党派是联系小资产阶级和资产阶级的，政权中要有他们的代表才行。认为民主党派是一根头发的功劳，一根头发拔去不拔去都一样的说法是不对的。从他们背后联系的人们看，就不是一根头发，而是一把头发，不可藐视。要团结他们，帮助他们进步，帮助他们解决问题，如民主党派的经费问题，民主党派的旅费问题。要给事做，尊重他们，当作自己的干部一样，手掌手背都是肉，不能有厚薄。”②

第二，关于民主党派的性质和作用。

鉴于民主党派接受了新民主主义纲领，接受中国共产党的领导，接受了《共同纲领》作为自己的政治纲领，中国共产党肯定他们都是新民主主义性质的政党，都是有阶级联盟性质的政党。

---

① 刘延东主编：《当代中国的民主党派》，当代中国出版社 1999 年版，第 67 页。

② 中共中央统战部研究室编：《历次全国统战工作会议概况和文献》，档案出版社 1988 年版，第 6 页。

周恩来指出："各个民主党派无论名称叫什么，仍然是政党，都有一定的代表性。但不能用英美的政党标准来衡量他们。他们都是从中国土壤中生长出来的。"① "他们在人民民主统一战线中起着相当重要的作用。"② 中国共产党党员只占全国人口的1%，要做好工作，需要听取各方面意见。同民主党派合作，有利于吸取非中共人士的好意见，改进工作。

第三，关于"团结，建设，进步"的方针。

毛泽东强调，要用积极的态度去组织民主人士、民主党派，教育他们，使他们参加斗争，带领他们共同前进。"我们对民主党派在抗战时期有'团结、抗战、进步'的口号，今天应该有'团结，建设，进步'。"③ 根据这一精神，第一次全国统战工作会议明确了中共对民主党派的总方针是"热情地帮助民主党派团结、进步和发展，提高他们为实现《共同纲领》奋斗的水平，在国家政治生活和经济建设中同他们真诚合作，充分发挥他们的积极作用"④。

第四，关于处理中国共产党与民主党派关系的基本准则。

第一次统战工作会议，李维汉在报告中指出：在政治上和思想上以《共同纲领》为准则，团结他们共同奋斗，帮助他们提高到为彻底实现《共同纲领》而奋斗的水平；组织上必须适当地尊重他们的独立性。善于根据他们的具体情况，推动和帮助他们逐

---

① 中共中央统战部研究室编：《历次全国统战工作会议概况和文献》，档案出版社1988年版，第6页。

② 同①，第6页。

③ 同①，第106页。

④ 刘延东主编：《当代中国的民主党派》，当代中国出版社1999年版，第69页。

步前进。概括说就是，一方面坚持党对民主党派的政治领导，另一方面要尊重各民主党派在组织上的独立性。

第五，关于党派工作。

民主党派的成分应有广泛性，没有进步分子就不能坚持正确的方向，但纯粹为进步分子的组织，也就失去了意义。要支持、帮助民主党派明白各自分工活动的主要范围和重点，整顿组织，发展成员，训练干部，培育进步分子骨干。

第六，关于同民主党派和无党派民主人士的合作共事。

中国共产党必须以博大的胸怀、满腔的热情积极主动地与民主党派搞好团结合作，教育他们，帮助他们，不仅教育他们和我们共同建设新民主主义社会，还要把他们带到社会主义中去。要尊重他们，让他们参加活动，影响锻炼他们。要发扬民主，敞开来让他们发表意见。

经过建国初期的政治实践和理论探讨，中国共产党已经基本确立了多党合作的政治框架，中国新型政党制度的雏形也已基本确立。民主党派的政治职能在多党合作的政治实践中开始形成和发展起来。

第二节　民主党派政治职能的逐步确立

各民主党派同中国共产党长期风雨同舟、患难与共，为中国革命、建设、改革事业作出了重要贡献。在中国新型政党制度的发展和完善过程中，民主党派和无党派人士逐步确立了参政议政、民主监督和参加中国共产党领导的政治协商三项政治职能。这三项政治职能，既是民主党派和无党派人士存在的价值和意义之所在，同时也是中国新型政党制度效能发挥和社会主义协商民主的本质要求。

一、“长期共存，互相监督”

民主监督是现代政党制度的重要特征。1949 年新政协会议召开，代行了临时全国人民代表大会的职能，选举了国家机关及重要的领导人。大批党外人士出任国家各级政府职能部门领导职务，民主党派和无党派人士的参政职能已是不言而喻。但民主党派的民主监督职能尚未明确。

1956 年底，新中国成立后的社会主义改造基本完成，中国的社会结构发生了重大变化，资产阶级作为一个阶级正在逐步被消灭，民族资产阶级和小资产阶级的成员逐步转变为社会主义劳动者。资产阶级被消灭后，大规模疾风暴雨式的阶级斗争已经基本结束，中国的社会主义制度得到初步确立。社会主义条件下需不需要民主党派，该不该有多党合作，成为重大的理论和实践问题。

与此同时，民主党派对于自身的存在和多党合作的未来发展也颇有疑虑。1949 年新中国成立之后，不少民主党派觉得历史使命已经完成，有“光荣解散”的念头。1954 年新中国第一次全国人民代表大会的召开，标志着中国人民政治协商会议代行最高国家权力机关的历史使命也告完成。对于多党合作的重要机构，人民政协的性质和定位、职能和使命的讨论，颇受民主党派人士的关注。特别是 1956 年的社会主义改造消灭了资产阶级，对于以民族资产阶级和小资产阶级及其知识分子为社会基础的民主党派来说，社会主义改造完成后，其社会基础发生了重大变化，必将影响未来的存在和发展。

在此背景下，毛泽东在1956年4月25日中共中央政治局扩大会议上作了《论十大关系》的重要讲话。毛泽东在讲话中提出，一定要努力把党内党外、国内国外的积极因素，直接和间接因素，充分调动起来，为把我国建设成为一个强大的社会主义国家而奋斗。对于民主党派和多党合作的发展前景，毛泽东说："究竟是一个党好，还是几个党好？现在看来，恐怕是几个党好。不但过去如此，而且将来也可以如此，就是长期共存，互相监督。在我们国内，在抗日反蒋斗争中形成的以民族资产阶级及其知识分子为主的许多民主党派，现在还继续存在。在这一点上，我们和苏联不同。我们有意识地留下民主党派，让他们有发表意见的机会，对他们采取又团结又斗争的方针。一切善意地向我们提意见的民主人士，我们都要团结。像卫立煌、翁文灏这样的有爱国心的国民党军政人员，我们应当继续调动他们的积极性。就是那些骂我们的，像龙云、梁漱溟、彭一湖之类，我们也要养起来，让他们骂，骂得无理，我们反驳，骂得有理，我们接受。这对党，对人民，对社会主义比较有利。"①

1956年9月15日中共八大召开。各民主党派中央领导和无党派民主人士的代表列席了大会开幕式。毛泽东致开幕词对他们的列席表示热烈欢迎。刘少奇在中共八大的政治报告中也提出，

---

① 《毛泽东选集》第5卷，人民出版社1977年版，第278—279页。

“我国的民主党派主要是在抗日战争时期形成的，并且同我们党早就发生了合作关系。它们在中华人民共和国成立的时候参加了人民政府，随后又逐步地支持了社会主义的事业。在今后，我们认为，应当采取共产党和各民主党派长期共存，互相监督的方针”。[①] 关于民主党派在社会主义时期存在的社会基础，刘少奇在报告中提出：“中国各民主党派的社会基础是民族资产阶级、上层小资产阶级和它们的知识分子。在社会主义改造完成以后，民族资产阶级和上层小资产阶级的成员将变成社会主义劳动者的一部分。各民主党派就将变成这部分劳动者的政党。”[②]

社会主义条件下为什么需要多党合作，需要与民主党派长期共存？刘少奇解释说，社会主义改造完成之后，“资产阶级思想的残余还会拖得很长，各民主党派还需要在一个很长的时间内继续联系他们，代表他们，并且帮助他们改造”[③]。而且，“各民主党派同共产党一道长期存在，在各党派之间也能够起互相监督的作用”[④]。

邓小平在八大《关于修改党的章程的报告》中对“长期共存，互相监督”方针作了阐述。他说：“我们党同民主党派和无党派民主人士的合作是长期的，这个方针是早已确定了的。”[⑤]“这些党外的民主人士，能够对我们党提供一种单靠党员所不容

---

① 《刘少奇选集》下卷，人民出版社 1985 年版，第 246 页。

② 同①，第 246 页。

③ 刘延东主编：《当代中国的民主党派》，当代中国出版社 1999 年版，第 246 页。

④ 同③，第 246 页。

⑤ 《邓小平文选》第 1 卷，人民出版社 1989 年版，第 224 页。

易提供的监督，能够发现我们工作中的一些我们所没有发现的错误和缺点，能够对我们的工作作出有益的帮助。”①

中共中央主要领导人的讲话和报告，向党内外宣传了“长期共存，互相监督”的方针政策，为多党合作的巩固和发展奠定了坚实的基础。《中国共产党第八次全国代表大会关于政治报告的决议》明确要求全党“必须按照长期共存，互相监督的方针，继续加强同各民主党派和无党派民主人士的合作，并且充分发挥人民政治协商会议和各级协商机构的作用。在一切政府机关、学校、企业和武装部队中，共产党员都要必须负责建立起同党外人员合作共事的良好关系”②。

“长期共存，互相监督”的方针，不仅回答了社会主义改造完成后，资产阶级被消灭，民主党派的社会基础发生重大变化之后，民主党派是否继续存在的问题，而且回答了民主党派在社会主义建设时期的社会基础和存在的价值意义，明确赋予了民主党派新的政治职能——民主监督。这是新中国成立后多党合作实践探索的重大进步，也为多党合作奠定了理论基础。

二、民主党派履行“参政”和“监督”职责

新中国成立后，民主党派和无党派人士在各级国家机构中担任重要领导职务，民主党派和无党派人士的参政议政早已普遍存在。1956年，毛泽东等中央领导又确立了“长期共存，互相监督”的多党合作方针，为民主党派和无党派人士明确了民主监督

① 《邓小平文选》第1卷，人民出版社1989年版，第225页。

② 刘延东主编：《当代中国的民主党派》，当代中国出版社1999年版，第247—248页。

的职能。但多党合作是前无古人的一项政治实践，没有前例可寻，只能在实践中探索前进。此过程中既有高歌猛进的快速发展时期，也有多党合作遭遇挫折的低谷时期，直到“文化大革命”结束后，多党合作才又重新焕发了生机活力。

十一届三中全会后，中共中央确立了以经济建设为中心的方针政策，政协工作、党派工作都重新恢复，多党合作事业蓬勃发展。新时期民主党派的性质和职能如何定位？多党合作事业该如何发展？民主党派和中国共产党都在积极思考。1989 年 1 月 2 日，邓小平在中央统战部一份反映民主党派成员对多党合作问题的建议上批示：“可组织一个专门小组（成员要有民主党派的），专门拟订民主党派成员参政和履行监督职责的方案，并在一年内完成，明年开始实行。”① 这一批示直接推动了《中共中央关于坚持和完善中国共产党领导的多党合作和政治协商制度的意见》（以下简称《意见》）的出台。

这一文件为推动我国多党合作走上规范化、制度化轨道奠定了坚实基础。《意见》明确了中国共产党领导的多党合作和政治协商制度是我国的一项基本政治制度。从此，在国家政治制度方面除了人民代表大会制度是我国的一项根本政治制度外，多了一项基本政治制度。后来这一表述被写进了宪法序言，上升为国家意志。文件明确了新时期民主党派的性质是“各自所联系的一部分社会主义劳动者和一部分拥护社会主义的爱国者的政治联盟，是接受中国共产党领导的，同中共通力合作、共同致力于社会主

① 《邓小平论统一战线》，中央文献出版社 1991 年版，第 294 页。

义事业的亲密友党，是参政党”[1]。

《意见》提出的多党合作的十六字方针“长期共存、互相监督、肝胆相照、荣辱与共”是中国共产党同各民主党派合作的基本方针。第一次明确规定民主党派参政和发挥监督作用的具体形式。《意见》提出：“民主党派和无党派人士参政的主要内容是：参加国家政权，参与重要方针政策、重要领导人选的协商，参与国家事务的管理，参与国家方针政策、法律法规的制定和执行。”[2]

《意见》认为：“中共处于执政党的地位，领导着拥有十一亿人口的国家政权，非常需要听到各种意见和批评，接受广大人民群众的监督。各民主党派是反映人民群众意见、发挥监督作用的一条重要渠道。充分发挥和加强民主党派参政和监督的作用，对于加强和改善共产党的领导，推进社会主义民主政治建设，保持国家长治久安，促进改革开放和现代化建设事业的发展，具有重要的意义。”[3]

此后，随着多党合作实践的日益丰富，2015 年颁发的《中国共产党统一战线工作条例（试行）》对民主党派的参政议政和民主监督进一步做了具体规定。同时，为了保证民主党派参政议政职能的发挥，《中国共产党统一战线工作条例（试行）》要求中共各级党委“支持民主党派和无党派人士就经济社会发展重大问题

---

① 刘延东主编：《当代中国的民主党派》，当代中国出版社 1999 年版，第 753 页。

② 同①，第 754 页。

③ 同①，第 753 页。

进行考察调研，发挥其在反映社情民意、协调社会关系、维护社会稳定、开展对外交往方面的积极作用。支持民主党派和无党派人士开展社会服务活动”①。“支持民主党派和无党派人士就各级政府拟提交人民代表大会审议的政府工作报告、有关重大政策措施和重大建设项目提出意见和建议；支持民主党派负责人、无党派人士参加重要会议，参与有关政策、规划的制定和检查工作。”②“中共中央领导同志的国内考察调研以及重要外事活动，根据统一安排和工作需要，可以邀请民主党派中央负责人、无党派代表人士参加。地方党委可以结合实际作出具体安排。”③《中国共产党统一战线工作条例（试行）》同时对民主党派的民主监督形式和内容都有明确规定。

三、参加共产党领导的政治协商

参加中国共产党领导的政治协商是民主党派在新时代被明确赋予的一项新的政治职能。协商议事是中国政治文化的传统。早在新民主主义革命时期，中国共产党和民主党派就有过政治协商的传统和先例。在抗战时期的国民参政会，在抗日战争胜利后的旧政协大会，在中国共产党领导的抗日根据地“三三制”政权中，中国共产党与党外人士的协商共事已经非常普遍。

“中共同民主党派进行政治协商，是中国共产党领导的多党

---

① 《中国共产党统一战线工作条例（试行）》，华文出版社 2015 年版，第 7 页。
② 同①，第 7 页。
③ 同①，第 7 页。

合作和政治协商制度的一项重要内容。”① 新中国成立后，中国共产党领导的多党合作和政治协商制度最主要的活动方式就是中国共产党与八个民主党派和无党派人士的政治协商。1989 年颁发的《中共中央关于坚持和完善中国共产党领导的多党合作和政治协商制度的意见》中提出了三种政党之间的政治协商形式：

“中共中央主要领导人邀请各民主党派主要领导人和无党派的代表人士举行民主协商会，就中共中央将要提出的大政方针问题进行协商。这种会议一般每年举行一次。

“中共中央主要领导人根据形势需要，不定期地邀请民主党派主要领导人和无党派的代表人士举行高层次、小范围的谈心活动，就共同关心的问题自由交谈、沟通思想、征求意见。

“由中共召开民主党派、无党派人士座谈会，通报或交流重要情况，传达重要文件，听取民主党派、无党派人士提出的政策性建议或讨论某些专题。这种会议大体每两月举行一次。重大事件随时通报。有的座谈会亦可委托中共全国政协党组举行。

“除会议协商以外，各民主党派和无党派人士可就国家大政方针和现代化建设中的重大问题向中共中央提出书面的政策性建议，也可约请中共中央负责人交谈。

“上述各种协商形式，原则上也适用于中共地方党委和民主党派地方组织之间的协商活动。”②

此后，2005 年颁发的《中共中央关于进一步加强中国共产党

---

① 刘延东主编：《当代中国的民主党派》，当代中国出版社 1999 年版，第 754 页。

② 同①，第 754—755 页。

领导的多党合作和政治协商制度建设的意见》对政党协商的原则、内容、程序和协商形式等都做了具体规定。2015 年《中共中央关于加强社会主义协商民主建设的意见》颁发后，加强了政党协商的保障机制建设。

2015 年《中国共产党统一战线工作条例（试行）》明确规定参加中国共产党领导的政治协商是民主党派的一项基本职能，并提出了政党协商的三种形式：会议协商、约谈协商、书面协商。“政党协商主要包括下列内容：中国共产党全国和地方各级代表大会、中央和地方各级党委的有关重要文件；宪法的修改建议，有关重要法律的制定、修改建议，有关重要地方性法规的制定、修改建议；人大常委会、政府、政协领导班子成员和人民法院院长、人民检察院检察长建议人选；关于统一战线和多党合作的重大问题。”同时，还要求“中央和地方各级党委应当按照规定程序开展政党协商”“支持民主党派和无党派人士参与人大协商、政府协商、政协协商及其他方面的协商”。

从此，政党协商与参政议政、民主监督一样，成为民主党派的基本政治职能。

第三节　民主党派性质的转变

政党的社会基础是其社会存在的根基和生命线，政党的代表性则是其存在的价值和意义的重要体现。新民主主义革命时期，我国民主党派的社会基础和代表性是十分明确的，是民族资产阶级、城市小资产阶级及其知识分子。社会主义改造完成后，特别是改革开放以来，随着我国经济社会的不断发展变化，我国参政党的社会基础及其代表性问题日渐成为困扰其发展进步的重大理论和现实问题，不解决这一问题，建设中国特色社会主义参政党的宏伟目标就无法实现。

一、政党的社会基础和代表性

政党的社会基础和代表性是两个既有联系又有所区别的概念。政党的社会基础主要指的是政党的阶级基础和群众基础。政党的阶级基础，即党的阶级性，是政党生存和发展的根本，也是一个政党区别于其他政党最鲜明的特征；政党的群众基础，即党的群众性，是政党的力量源泉和胜利之本，是在社会历史活动中起决定作用的力量。列宁指出，“在以阶级划分为基础的社会中，敌对阶级之间的斗争（发展到一定的阶段）势必变成政治斗争。各阶级政治斗争的最严整、最完全和最明显的表现就是各政党的斗争。”① 这就意味着，政党是阶级利益的集中代表，政党斗争是阶级政治斗争的最高形式。毛泽东更是一针见血地指出，“政党就是一种社会，是一种政治的社会。政治社会的第一类就是党派。党是阶级的组织”②。政党的阶级基础和群众基础共同构成了政党的社会基础。

社会基础是政党的生命之源，代表性是政党的立身之本。中

---

① 《列宁全集》第 12 卷，人民出版社 1987 年版，第 127 页。

② 《毛泽东选集》第 5 卷，人民出版社 1977 年版，第 335 页。

外政党理论都承认，政党的存续和发展必须拥有一定的社会基础。西摩·马丁·李普塞特认为，“在民主社会中，政党是把阶级斗争民主化的媒介”。① 现代政党政治的实践也一再证明，政党是不同阶级的利益代表：“政党不是主要以下层阶级为基础，就是主要以中产阶级和上层阶级为基础。”②

政党的社会基础及其代表性不是一成不变、万古不易的，而是随着经济社会结构的发展变化，随着政党自身的目标和任务的变化而变化的。随着“二战”后世界经济迅猛发展带来的社会阶级、阶层结构的深刻变化，导致各种利益团体不断分化组合，社会中间阶层迅速崛起，政党原有的阶级界限和社会基础也因此发生重大变化。不同政治取向的政党的政策分野日趋模糊，政党的社会基础及其代表性也随之发生变化，一些国家的政党政治生活中出现了“左翼不左，右翼不右”，摒弃传统“左右”泾渭分明的严格界限，出现走“中间道路”的现象。中国的参政党，作为中国现代政治的产物，虽然在一定程度上必然具有中国政党的特点，但也很大程度上符合世界政党发展的一般规律，其社会属性及其代表性也出现了一定程度的变化。

二、民主党派社会基础和代表性的演化

中国参政党的社会基础就是民主党派赖以存在的阶级基础和群众基础。其利益代表性是指各民主党派是代表其成员及其所联系的群众的利益，向党和政府反映社情民意，成为其成员和所联

---

① 西摩·马丁·李普塞特著：《一致与冲突》，上海人民出版社 1995 年版，第 204 页。

② 同①，第 204 页。

系的群众的政治愿望和利益诉求的“代言人”，为我国各项建设事业的发展提供有力的智力支持和决策参考。

政党的社会基础决定了其生成发展的基础条件，政党的社会基础不是固定不变的，是伴随着利益结构的变化而不断调整的，其利益代表性也是有所变化的。新民主主义时期，民主党派的社会基础是以民族资产阶级、城市小资产阶级及其相联系的一部分知识分子、共产党员和民主爱国人士为基础，在民主革命和新中国成立初期是一种“阶级联盟性质的政党”，其代表性是以反映民族资产阶级和城市小资产阶级利益诉求为主。

1956 年“三大改造”完成后，伴随着新的生产关系的确立，以及资产阶级的消失，民族资产阶级变成一部分社会主义劳动者；旧社会过来的知识分子已经成为工人阶级的一部分。这时期的民主党派实质上变成以党外知识分子为主体，包括一部分共产党员和爱国民主人士的“阶级联盟性质的政党”。经过思想改造，其代表性是反映党外知识分子、爱国民主人士的利益诉求。

1978 年之后，伴随着我国经济体制由计划经济向市场经济的转变，中国社会利益结构开始调整与分化。社会阶层结构发生较为深刻的变化。社会成员开始出现总体利益一致性基础上的多样性利益诉求。

随着我国社会结构发生重大而深刻的变化，我国民主党派的组织构成也发生了明显变化。2005 年的中共中央 5 号文件明确了民主党派的性质：“新世纪新阶段，民主党派是各自所联系的一部分社会主义劳动者、社会主义事业建设者和拥护社会主义爱国者的政治联盟。”但“社会主义劳动者、社会主义事业的建设者和拥护社会主义的爱国者”具体指的是哪些人，即民主党派的社会基础具体是哪些人，以及民主党派的代表性问题并没有明确。

三、当代中国参政党的社会基础和代表性

中国的民主党派自诞生之日起，主要是以知识分子为主体的政治组织。早期的民主党派及其骨干无一例外是知识分子。即使是民族资产阶级和城市小资产阶级，其身份依然是受过良好教育的知识分子。如沈钧儒、黄炎培、张澜、罗隆基、史良、章伯钧、张奚若、梁漱溟、费孝通、许德珩等。尽管后来从事的职业不同，但知识分子的印迹深深地烙在他们灵魂深处。当然，毛泽东一直认为，知识分子也分为无产阶级的知识分子和资产阶级的知识分子。但知识分子忧国忧民的无私情怀却是他们始终无法摆脱的印迹。无论是追求民主、实业救国还是发展教育、乡村建设，凡此种种主张，都是为了中华民族的前途和未来命运，当然不可否认他们也有本阶级和自身的利益诉求，但新民主主义革命时期的民主党派始终是把自身与国家和民族的前途和命运联系在一起的。

就其构成而言，尽管当代中国的民主党派与新中国成立前后的民主党派相比发生了很大的变化，早已不可同日而语，但以知识分子为主体的组织构成依然没有改变。2013 年民主党派中央的统计数据显示，知识分子特别是中高级知识分子依然是构成民主党派成员的主体。

由于加入民主党派的学历职称和社会影响等方面的严格要求，民主党派成员的学历层次不断提高。所以，当代民主党派的社会基础是以中高级知识分子为主体，包括一部分共产党员和新

的社会阶层人士。由于对其发展成员，包括对新的社会阶层人士有较高的学历要求，民主党派基本形成了以知识分子为主体的干部型政党，而其代表性自然主要反映知识分子群体的利益关切和诉求。

中国的知识分子从来就不仅仅关注自身的利益。中国的知识分子虽然在方方面面与广大人民群众存在一定的距离感，但中国的知识分子大都出身于普通社会大众，与普通大众有着千丝万缕的联系，更何况中国知识分子的传统向来以关心国家民族的前途和利益为己任。所以，知识分子对中国的前途和命运有着本能的强烈关怀，在国家和民族面临危难之际，能够有“天下兴亡，匹夫有责”“慷慨激昂，舍身为国”的责任与担当，而在和平发展时期，则能自觉地代表和反映普通社会大众的利益诉求与愿望，有“为民请命”的道义感。所以，当代中国的参政党基本形成了以中高级知识分子为主体的党员群体，其社会基础和代表性也自然具有中国传统知识分子特有的社会关切和利益关怀。

毛泽东对知识分子在中国革命中的重要作用有清楚的认识，他看到，“中国是一个被民族压迫和封建压迫所造成的文化落后的国家，中国的人民解放斗争迫切地需要知识分子，因而知识分子问题就特别显得重要。而在过去半世纪的人民解放斗争，特别是五四运动以来的斗争中，在八年抗日战争中，广大革命知识分子对于中国人民解放事业所起的作用，是很大的”。并且他认为：“在今后的斗争中，他们将起更大的作用。因此，今后人民的政府应有计划地从广大人民中培养各类知识分子干部，并注意团结和教育现有一切有用的知识分子。”[①]

新中国成立后，在社会主义建设时期，毛泽东认为“我国的艰巨的社会主义建设事业，需要尽可能多的知识分子为它服务”。并且他认为，“凡是真正愿意为社会主义事业服务的知识分子，我们都应当给予信任，从根本上改善同他们的关系，帮助他们解决各种必须解决的问题，使他们得以积极地发挥他们的才能”[②]。

当代中国，以知识分子为主体的中国参政党除了具有“参政议政和民主监督”的基本职能外，还具有“社会服务”的重要职能，这更加深了其与人民群众的了解与联系，使其通晓人民群众基本的利益关切与诉求。

所以，民主党派的知识分子不仅仅是党派成员，在反映社情民意的时候，在关注国家命运和人民幸福的时候，他们是国家的知识分子，人民的知识分子，其社会基础源自整个中国社会，其代表性也是立足于国家和民族的前途和未来，着眼于社会和民生。

中国参政党具有利益代表功能，其代表性主要体现在历届政协的提案中，特别是在以党派中央的名义送交人民政协的提案所关注的内容中反映出来。中国参政党的这种利益代表性，从十届全国政协五次会议党派中央提交的提案所关注的议题中，可以清楚地显示出来。

第十届全国政协共举行了五次全国代表大会，这五次会议中各党派中央提交给全国政协大会的提案总计 739 件，其中直接涉及社会民生问题的提案有 296 件，占党派提案总数的 40%。如果

---

① 《毛泽东选集》第 3 卷，人民出版社 1991 年版，第 1082—1083 页。

② 《毛泽东选集》第 7 卷，人民出版社 1999 年版，第 225 页。

把部分涉及社会民生问题的提案全部统计在内，比例应该在70%左右。仅以民革中央为例，从十届全国政协第一次代表大会开始到十二届全国政协第一次代表大会这11年中，民革中央共提交全国政协提案329件，其中直接关注社会民生的提案78件，约占民革中央提案总数的24%。

对十届政协党派中央的提案分析还可以看出一个十分明显的特点，就是党派中央提案关注本党派自身利益的提案很少，为数不多的几个涉及本党派历史文化等方面的提案还都是从党和国家的统一战线和历史文化等方面着眼，为我国的和平统一、历史文化传承和发展提出的。

所以，我们不难看出，当代中国参政党的社会基础是知识分子群体及其所联系的社会群众，其政协提案也基本能够反映出政党的政治功能和社会功能，而其代表性除了关注国家和民族的前途命运外，很大程度上反映了整个社会大众、特别是中下层群众的利益诉求。这也在很大程度上体现了民主党派“广泛性”的政党性质的一个方面。而其涉及民族和国家长远发展的提案，既推动了我国科教兴国人才战略的实施，也体现了民主党派“进步性”的特点。

第四节　民主党派的社会功能

参政党的社会功能是参政党功能发挥的重要内容，也是参政党自身性质定位和未来发展的重要依据。依据国家—政党—社会的关系框架，参政党作为中国特色政党制度中的政党行为主体，理应在中国特定的国家—政党—社会的关系框架下发挥功能作用。所以，参政党的社会功能概括来说理应归纳为：社会管理功能、社会建设功能和社会代言（利益表达）功能。

参政党的社会功能是参政党功能的重要组成部分，是参政党自身发展和功能发挥的重要依据，但学界对此的研究仍显不足。胡锦涛在中国共产党第十八次代表大会上提出了“五位一体”的建设布局，提出了加强社会建设的目标和要求，这也为研究参政党的社会功能提出了新的课题。研究参政党的社会功能不能脱离参政党发挥社会功能的政治和社会背景孤立地进行。政党、国家和社会是构成现代政治生活最重要的三组政治变量。把参政党的社会功能研究放在国家—政党—社会的相互关系的背景下去研究，无疑会为这种研究提供重要的参照。

一、政党、国家与社会的关系

政党、国家和社会是构成现代政治生活的三大重要概念和内容。厘清三者的概念及其相互关系是研究现代政治活动及其规律的前提。研究中国参政党的社会功能，不能不放在政党、国家和社会三者关系的大背景下去进行。

国家的概念比较复杂，既有地理范围上的领土国家概念，也有民族国家的概念。着眼于国家拥有主权和合法垄断使用暴力的特征，马克思·韦伯认为：“国家是指一种持续运转的强制性政治组织，其行政机构成功地垄断了合法使用暴力的权力，并以此维持秩序。”①

① ［德］马克斯·韦伯著：《经济与社会》（下），商务印书馆2004年版，第730页。

马克思主义认为国家是阶级压迫的工具。恩格斯指出："国家是社会在一定发展阶段上的产物；国家是承认：这个社会陷入了不可解决的自我矛盾，分裂为不可调和的对立面而又无力摆脱这些对立面。而为了使这些对立面，这些经济利益互相冲突的阶级，不致在无谓的斗争中把自己和社会消灭，就需要一种表面上凌驾于社会之上的力量，这种力量应当缓和冲突，把冲突保持在'有序'的范围以内；这种从社会中产生但又居于社会之上并且日益同社会相异化的力量，就是国家。"①

社会，汉字本义是指特定土地上人的集合。在现代意义上是指为了共同利益、价值观和目标的人的联盟。在古典意义上，"社会是指建立了政府的文明社会，相对于还没有建立政府的社会而言"。② 现代意义上的社会是共同生活的人们通过各种各样社会关系联合起来的集合，其中最主要的社会关系包括家庭关系、共同文化以及传统习俗。微观上，社会强调同伴的意味，并且延伸到为了共同利益而形成的自愿联盟。宏观上，社会就是由长期合作的社会成员通过发展组织关系形成的团体，并形成了机构、国家等组织形式。

在国家和社会的相互关系中，所谓的社会是指在一定生产和交往中形成和发展起来的社会关系和社会组织，其本质是由作为不同利益主体的个人组成的联合体。

政党是一种特殊的社会政治组织。马克思主义经典作家运用历史唯物主义学说，把政党与阶级利益紧密结合起来，从而科学

---

① 《马克思恩格斯选集》第4卷，人民出版社1995年版，第170页。

② 王长江主编：《政党政治原理》，中共中央党校出版社2009年版，第265页。

地揭示了政党的本质。马克思恩格斯概括了政党本身的特点，从而使政党这种阶级利益的代表者与其他政治组织相区别。马克思恩格斯指出："共产党人是各国工人阶级政党中最坚决的、始终推动运动前进的部分。"① 列宁就政党的本质进一步指出："在通常情况下，在多数场合，至少在现代的文明国家内，阶级是由政党来领导的。"② "党是阶级的先进觉悟阶层，是阶级的先锋队。"③ 毛泽东也强调："政党就是一种社会，是一种政治的社会。政治社会的第一类就是党派。党是阶级的组织。"④

在政党、国家和社会三者关系中，社会是居于核心地位的，国家和政党的概念都是从社会概念中界定出来的。三者之间的关系可以概括为以下三条。

第一，国家源于社会。

社会一词，在古希腊、罗马时代就是指的政治共同体，即城邦或国家。古希腊学者用市民社会描述城市或城邦的生活状况。在亚里士多德看来，市民社会与政治国家或政治社会是同一的。而在西塞罗看来，市民社会不仅指单个国家而且也指业已发达到出现城市的文明政治共同体的生活状况，与野蛮人的社会或野蛮状态有着重要的区别。欧洲资产阶级革命前的政治哲学理论中，国家仍然等同于社会，并叫作"市民"的社会，市民社会和政治社会乃是同义词，与此相对应的则是自然状态或自然社会。法国

① 《马克思恩格斯选集》第1卷，人民出版社1995年版，第185页。
② 《列宁全集》第39卷，人民出版社1986年版，第21页。
③ 《列宁全集》第24卷，人民出版社1990年版，第38页。
④ 《毛泽东选集》第5卷，人民出版社1977年版，第335页。

启蒙思想家孟德斯鸠则超越了市民社会与政治国家、公民权利与国家权力的同一性，在一定程度上区分了政府和社会，并期望二者分离。

黑格尔认为，市民社会是以法律制度和以公共权力为后盾的“外在”的政治秩序。因此黑格尔把市民社会叫作“外部的国家，即需要和理智的国家”，以别于他所说的真正意义上的国家或政治国家，这就明确地将政治国家和市民社会区分开来，提出了现代意义上的市民社会概念。但是黑格尔从唯心主义出发，把家庭、市民社会和国家看作伦理发展的三个阶段，得出国家是社会生活中各个领域的决定力量，家庭和市民社会从属于国家，国家决定市民社会的结论。

马克思把市民社会看作是生产力发展的产物，他说：“在生产、交换和消费发展到一定阶段上，就会有相应的社会制度、相应的家庭、等级或阶段组织，一句话，就会有相应的市民社会。有一定的市民，就会有不过是市民社会的正式表现的相应的政治国家。”①

第二，社会决定国家。

马克思认为，实际上，家庭和市民社会是国家的前提，它们才是真正的活动者，而思辨的思维把这一切头足倒置。在马克思看来，家庭和市民社会并非像黑格尔所言是由抽象的理念产生的，恰恰相反，家庭和市民社会是国家的真正构成部分，是意志所具有的现实的精神实在性，它们是国家存在的方式。家庭和市民社会本身把自己变成国家。它们才是原动力。

---

① 《马克思恩格斯选集》第4卷，人民出版社1995年版，第532页。

在《德意志意识形态》中，马克思具体考察了西欧市民社会的形式及其同国家形式的关系，指出："由于私有制摆脱了共同体，国家获得了和市民社会并列并且在市民社会之外的独立存在；实际上，国家不外是资产者为了在国内外相互保障各自的财产和利益所必然要采取的一种组织形式。"① 因此，市民社会是国家的基础，国家只有在服务于市民社会的前提下才是真正符合市民社会的政治组织形式。政治国家没有家庭的天然基础和市民社会的人为基础就不可能存在。"在现代历史中，国家的愿望总的说来是由市民社会的不断变化的需要，是由某个阶段的优势地位，归根到底，是由生产力和交换关系的发展决定的。"② 这样，马克思从唯物主义的立场出发，将黑格尔"头足倒置"的市民社会和国家的关系重新颠倒了过来，得出了"决不是国家制约和决定市民社会，而是市民社会制约和决定国家"③ 的结论。

第三，政党联结国家和社会。

政党联结国家和社会可以通过两种不同的方式实现。马克思在分析市民社会和国家分离时，曾阐述了这种分离对政治制度和法律发展的意义。他指出，当市民社会从政治国家或专制权力的束缚中挣脱出来获得独立存在时，代议制民主就获得了坚实的基础。从历史上看，政党是公民社会发展的必然产物。"正是公众有了利益表达的诉求，才有了公众对政党这种利益表达工具的诉

---

① 《马克思恩格斯选集》第1卷，人民出版社1995年版，第131—132页。

② 《马克思恩格斯选集》第4卷，人民出版社1995年版，第251页。

③ 同②，第192页。

求。”[①] 公民社会区别于传统社会的一系列重要特点，决定和影响着政治的建构和基本运作方式，并促使政党根据实践的发展对自身的观念、结构、体制及活动方式等做出调整。

公民社会发育程度的高低，制约着政党活动的水平和范围。近代世界各国的政党政治明显地表现出两种不同的发展路径。西方发达国家是一种路径，在那里，经济社会发展，公民社会发育成熟，出现了代表不同社会集团利益诉求的政党，政党通过代议制民主制度的安排控制国家的政策制定来实现不同政治和社会集团的利益诉求。而另外一些民族独立国家，市场经济尚未发展起来，公民社会发育不成熟，但人们却发现了政党这样一种政治组织形式，经过改造，可以借以实现国家独立和社会改造。在这种情况下，形成了政党与国家和社会的一种特殊的关系形态。

二、当代中国的政党、国家和社会的关系

当代中国，执政党是其与国家和社会三者关系的核心。三者的相互关系可以表现为以下两个特点。

第一是政党创建国家。中国共产党从成立到新民主主义革命胜利，绝大部分时间是被北洋政府和国民党政府当作“非法”政治组织而存在的。而它自成立之日起，也先后以推翻北洋政府和国民党政府为目标。经过 28 年的新民主主义革命，最终建立了新的国家和政权体系。

第二是政党改造社会。在政党与社会的关系方面，中国共产党起源于政治运动，是在动员社会、改变社会、重构社会关系中

---

① 王长江主编：《政党政治原理》，中共中央党校出版社 2009 年版，第 267 页。

出现的，它先是重构社会关系的决定性力量，而后才表现为连接国家和社会的纽带。中国共产党在旧有的政治生态中诞生，却摧毁了旧的国家政权和社会秩序，建立了中国共产党主导下的新的政权，并按照自己的政治和社会理念，重新塑造新的社会模式。新民主主义革命胜利后，中国共产党按照马克思主义的基本设想，借鉴苏联的社会主义建设经验，经历了三年的社会主义改造，力图按照既定的政治社会理念重新塑造一个符合正统马克思主义要求的社会主义社会。

三、当代中国参政党的社会功能

在政党—国家—社会关系的视角下，参政党的社会功能的发挥应该着眼于三者之间的相互关系，同时又要立足于中国国情。总的说来，当代中国参政党应该具有社会管理功能、社会建设功能和社会代言（利益表达）功能。

从国家对社会的控制和影响方面的政治现实来看，在当代中国，作为中国特色政党制度中的重要行为主体——中国的参政党，它应该具有的社会功能就是协助中国共产党做好社会管理，保证社会的安定有序，和谐稳定。这种社会管理功能是参政党作为与执政党长期合作的亲密友党，作为新中国和新政权建设的参与者而自然形成的。

从社会对国家应该具有的制约和限制来看，中国参政党应该具有推动中国社会建设的功能，使社会具有真正的能力和条件成为成熟的自治社会，并有能力约束国家权力的无限扩张，以实现小政府——大社会的理想治理模式，减少行政成本和社会资源的浪费，最大限度地提高行政效率，实现社会自治。

参政党联系不同的社会阶层，涉及中国社会许多方面的各类成员；参政党成员大多数具有较高学历和参与行动能力，能够熟练地学习并掌握现代社会组织的特点和活动方式。在当代中国，发挥参政党的社会建设功能应该是参政党的首要任务。

作为沟通国家与社会的桥梁和纽带，中国的参政党应该通过各种途径增强社会代表性功能，做到上传下达，既要把国家的政策和意志及时、准确、快捷地传达到社会各个层面，增强执行国家政策的自觉性，又要紧密联系社会，及时反映社会矛盾和社会不同阶层的利益诉求，并上达到国家。参政党要加强社会代表性功能，除了在组织发展过程中要注意均衡和扩大不同社会界别的组织成员，而且要通过提案等反映社情民意的各种途径积极为自己所联系的社会群体和界别代言，同时积极履行民主监督职能，增强政党监督意识和社会影响，塑造参政党的社会形象。这是中国参政党应该具有的社会功能，也是完善参政党社会功能的目标和方向。

第五章　民主党派的参政议政

参政议政是民主党派作为政党的基本政治职能之一，也是民主党派领导班子成员需要加强的五种能力建设的首要能力。民主党派的参政议政职能是随着我国多党合作制度发展起来的，经历了新中国成立初期的“参、代、监、改”到改革开放时期的“参政”和后来的“参政议政”等几个阶段。民主党派的参政议政有其基本内涵和固定形式，必须遵循相关原则。努力提高民主党派的参政议政水平是完善中国政党制度的重要内容，同时也是国家治理体系和治理能力现代化的重要标志。

第一节　参政议政是民主党派的基本政治职能

民主党派的职能有很多：参政议政、民主监督、社会服务、利益表达、自我教育等。但参政议政当属其首要政治职能。参政议政从最初的政治实践到后来的制度安排，不但与我国的政党制度发展和完善密切相关，同时也是国家治理体系和治理能力现代化的重要体现。

一、参政议政职能的发展完善

对于民主党派和无党派人士参与政权，进行合作共事，中国共产党在延安局部执政时期就有一些实践和探索。在抗日战争时期，中国共产党在根据地建立了一系列具有民族统一战线性质的政权，抗日根据地政权机构在人员分配上实行“三三制”原则。根据这一政策，抗日民主政权中人员的分配，共产党员占三分之一，左派进步分子占三分之一，中间分子和其他分子（不包含国民党等顽固势力）占三分之一。毛泽东强调：“必须使党外进步分子占三分之一，因为他们联系着广大的小资产阶级群众。我们这样做，对于争取小资产阶级将有很大的影响。”①

抗日民主政权中，实行“三三制”原则，不仅吸纳左派进步分子和中间分子，而且共产党员还要与他们合作共事，让他们有职有权。毛泽东向党内告诫：“上述人员的分配是党的真实的政策，不能敷衍塞责。为着执行这个政策，必须教育担任政权工作的党员，克服他们不愿和不惯同党外人士合作的狭隘性，提倡民主作风，遇事先和党外人士商量，取得多数同意，然后去做。同时，尽量地鼓励党外人士对各种问题提出意见，并倾听他们的意见。决不能以为我们有军队和政权在手，一切都要无条件地照我们的决定去做，因而不注意去努力说服非党人士同意我们的意见，并心悦诚服地执行。”②

抗日战争胜利前夕，面对中国未来的两种前途和命运，

① 《毛泽东选集》第 2 卷，人民出版社 1991 年版，第 742 页。

② 同①，第 742—743 页。

毛泽东在中国共产党第七次全国代表大会上作了《论联合政府》的报告，提出未来新民主主义政权的构想。这些构想中，新民主主义政权需要党外人士的参与，中国共产党需要跟他们进行必要的合作共事。“只要共产党以外的其他任何政党，任何社会集团或个人，对于共产党是采取合作的而不是采取敌对的态度，我们是没有理由不和他们合作的。”[①] 毛泽东认为：“中国现阶段的历史将形成中国现阶段的制度，在一个长时期中，将产生一个对于我们是完全必要和完全合理同时又区别于俄国制度的特殊形态，即几个民主阶级联盟的新民主主义的国家形态和政权形态。”[②] 这种设想随着中国国内政局的发展逐步付诸实施。

到了抗战胜利后，国共内战再起。1948 年 4 月 30 日，中共发表了著名的“五一口号”。明确提出“各民主党派、各人民团体及社会贤达，迅速召开政治协商会议，讨论并实现召集人民代表大会、成立民主联合政府”[③] 的政治主张。

1949 年 9 月 30 日，中国人民政治协商会议第一届全体会议通过了《中国人民政治协商会议共同纲领》，在随后新的中央人民政府领导人员构成中，民主党派和无党派人士大批进入各级领导班子，参政议政已经成为普遍现象。在当时选举产生的 6 名中央人民政府副主席中，民主党派和无党派人士 3 人（宋庆龄、李济深、张澜）；56 名委员中，民主党派和无党派人士 27 人。1949 年

---

① 《毛泽东选集》第 3 卷，人民出版社 1991 年版，第 1062 页。

② 同①，第 1062 页。

③ 刘延东主编：《当代中国的民主党派》，当代中国出版社 1999 年版，第 21—22 页。

10 月 19 日，中央人民政府委员会第三次会议任命的 4 名政务院副总理中，民主党派和无党派人士 2 人；15 名政务委员中，民主党派和无党派人士 9 人；在政务院所辖 34 个部、会、院、署、行的正职负责人中，非共产党人士占到 14 人；省市政府主席、副主席中，非共产党人士占到 54 名。中央人民政府政务院参事室参事 32 人全部由民主党派和无党派人士组成。[①] 直到“文化大革命”前夕，国务院各部委中有非共产党部长（主任）9 人，地方政府中有省长 3 人，正、副厅局长 403 人。

从新中国成立到 20 世纪 50 年代中期，各民主党派在中国共产党的领导下，参加了对国内外敌人的斗争，参加了国家事务的管理，参加了国家政治生活中重大问题的协商、决策和执行，为实现国家在过渡时期的总任务，推进我国社会主义事业的发展，作出了有益的贡献。

这一时期，民主党派在国家政治生活中的作用，可以归纳为“参、代、监、改”四个方面。“参”就是参加国家政权，参与国家事务管理，要求成员及所联系的群众积极参加国家建设，在各自岗位上贡献力量；“代”就是代表和反映成员及所联系的阶级、阶层的合法利益和合理要求，就是政党的利益表达功能；“监”就是在国家政治生活中，中国共产党和各民主党派实行互相监督；“改”就是在自愿的基础上，组织广大成员学习马克思列宁主义、毛泽东思想和国家大政方针，进行思想改造，培养拥护社会主义的进步人士。总的来说，民主党派的这些作用都是民主党

---

① 刘延东主编：《当代中国的民主党派》，当代中国出版社 1999 年版，第 54—59 页。

派和无党派人士政治参与的表现形式，是积极参与国家政治活动的重要表现。

二、从参政到参政议政

改革开放之前民主党派和无党派人士发挥着“参、代、监、改”的重要作用。但也有一个突出的问题就是：民主党派和无党派人士的这些政治活动和发挥的作用受个人和环境影响太大，没有明确的制度保障，不利于多党合作的长远发展。为了解决这个问题，推动多党合作制度化，1989 年 1 月 2 日，邓小平批示尽快起草一份关于多党合作的文件，以推动多党合作制度化。[①]

为了落实邓小平的批示，中共中央成立了文件起草小组，成员有民革朱学范、民盟费孝通、民建孙起孟、民进雷洁琼、农工卢嘉锡、致公党杨纪珂、九三周培源、台盟蔡子民、工商联荣毅仁和无党派程思远，还包括全国人大、国务院、全国政协、中组部、中宣部、中央统战部、中央政治体制改革研究室等有关方面负责人。1989 年的 14 号文件第一次提出了“参政党”的概念，文件尽管没有直接提出参政党基本职能的字样，却实质性地表述了民主党派“参政”和“监督”的内容。

民主党派除了担任行政职务“参政”外，还有在人民政协“议政”的职能。人民政协是中国共产党领导的多党合作和政治协商的重要机构。民主党派成员作为政协委员参与政协的相关活动，讨论和协商国家大事，当属“议政”的范畴。由于我们国家政党制度和政协制度是紧密联系在一起的，多党合作主要是通过

① 《邓小平论统一战线》，中央文献出版社 1991 年版，第 294 页。

人民政协这个统一战线组织实现的，所以，民主党派的活动于政党而言是“参政”，于政协而言是“议政”，参政议政活动有时候是融为一体的，既没有严格的界限，也没有区分的必要。所以，参政议政作为民主党派在多党合作和政治协商制度中的一项重要职能，慢慢合二为一了。

1993 年 1 月，江泽民在党外人士迎春座谈会的讲话中指出，希望各民主党派“更好地履行参政议政和民主监督职能，不断开拓工作的新境界”。2000 年中共中央颁发的《中共中央关于加强统一战线工作的决定》提出“积极支持民主党派履行参政议政、民主监督的职能”。

中共十六大以后，胡锦涛在 2005 年、2006 年党外人士迎春座谈会上沿用了这个提法。2005 年中共中央颁发了《中共中央关于进一步加强中国共产党领导的多党合作和政治协商制度建设的意见》，重申了 1989 年 14 号文件关于民主党派参政和民主监督的基本表述，进一步明确了民主党派监督的性质、内容和履行民主监督的有关制度措施。

2007 年 10 月，胡锦涛在中共十七大报告中强调：“加强同民主党派的合作共事，支持民主党派和无党派人士更好地履行参政议政、民主监督职能，选拔和推荐更多优秀党外干部担任领导职务”①。多党合作经过多年的发展，参政议政作为民主党派的重要政治职能就这样逐步确定下来。

---

① 《中国共产党第十七次全国代表大会文件汇编》，人民出版社 2007 年版，第 30—31 页。

第二节　民主党派参政议政的内涵、形式和原则

参政议政既是民主党派和无党派人士的政治职能，同时也是人民政协的三大职能之一。但民主党派和无党派人士的参政议政与人民政协的参政议政既有相同之处，又有明确的不同。民主党派和无党派人士的参政议政有明确的内涵和形式，同时又要注意遵循基本原则。

一、民主党派参政议政的基本内涵

随着我国多党合作制度的建立、巩固和完善，民主党派的政治职能逐步明确。1989 年 12 月 30 日《中共中央关于坚持和完善中国共产党领导的多党合作和政治协商制度的意见》对民主党派的“参政”概括为：一个参加，三个参与。即：“参加国家政权，参与国家大政方针和国家领导人选的协商，参与国家事务管理，参与国家方针政策、法律法规的制定执行。”①

2015 年颁发的《中国共产党统一战线工作条例（试行）》对民主党派的参政议政内涵进行了明确规定，支持民主党派和无党派人士参政的主要内容是：参加国家政权，参与重要方针政策、重要领导人选的协商，参与国家事务的管理，参与国家方针政策、法律法规的制定和执行。

支持民主党派和无党派人士就经济社会发展的重大问题进行

① 刘延东主编：《当代中国的民主党派》，当代中国出版社 1999 年版，第 754 页。

考察调研，发挥其在反映社情民意、协调社会关系、维护社会稳定、开展对外交往方面的积极作用。支持民主党派和无党派人士开展社会服务活动。

支持民主党派和无党派人士就各级政府拟提交人民代表大会审议的政府工作报告、有关重大政策措施和重大建设项目提出意见和建议；支持民主党派负责人、无党派人士参加重要会议，参与有关政策、规划的制定和检查工作。

中共中央领导同志的国内考察调研以及重要外事活动，根据统一安排和工作需要，可以邀请民主党派中央负责人、无党派代表人士参加。地方党委可以结合实际作出具体安排。

所以，民主党派的参政议政除了明确的“一个参加，三个参与”，还包括通过各种形式参加国家政治生活和社会生活的各项事务。

人民政协的参政议政职能与民主党派相比形式更加灵活多样。1994 年 3 月 8 日《关于〈中国人民政治协商会议章程〉（修正案草案）的说明》中规定，在政治协商、民主监督这一政协的主要职能后面加上“组织参加本会的各党派、团体和各族各界人士参政议政”，这是对于协商监督职能延伸的说明。政协除了是共产党和各民主党派进行合作协商的机构，还是参加本会的各人民团体、各族各界代表人士参与对国家大政方针和群众生活的重要问题的协商讨论，并通过建议和批评发挥民主监督作用的重要组织。同时，人民政协的政治协商、民主监督具有广泛的内容，包括协商、讨论、建议、批评以及为此进行的视察、考察、调查研究和提出建议案、提案等各种活动，这些也就是以各种形式参政议政。对政协主要职能增加这样的延伸说明，有利于广泛调动参加政协的单位和个人的积极性，发挥政协的整体优势和发挥政协工作的主动性，更好地为国家的现代化建设服务。

2018 年新修订的《中国人民政治协商会议章程》对人民政协的参政议政是这样表述的："参政议政是对政治、经济、文化、社会生活和生态环境等方面的重要问题以及人民群众普遍关心的问题，开展调查研究，反映社情民意，进行协商讨论。通过调研报告、提案、建议案或其他形式，向中国共产党和国家机关提出意见和建议。"① 尽管民主党派的参政议政与政协的参政议政有所区别，但民主党派是政协界别的重要组成部分，政协关于参政议政的相关解释同样适用于民主党派。

二、民主党派参政议政的形式和制度保障

民主党派的参政议政在内涵上表现为"一个参加，三个参与"，在具体的政治实践中形式多种多样。随着我国多党合作制度的完善和发展，民主党派的参政议政有了更多的法律保障和制度渠道。除了在人大、政府、政协有明确的参政形式和规定，还有其他一系列的制度规定保证民主党派参政议政职能的发挥。

2015 年颁发的《中国共产党统一战线工作条例（试行）》中明确对包括民主党派和无党派人士在内的党外人士的政治安排作了详细规定，为他们的参政议政提供了制度保障。《条例》规定：

"加强党外代表人士的实践锻炼，将党外干部纳入党政领导干部交流总体安排。

① 《中国人民政治协商会议章程》，中国人民政治协商会议全国委员会官方网站：http：//www. cppcc. gov. cn/2011/09/14/ARTI1315980170869872. shtml。

“第三十六条　党外代表人士在各级人大代表、人大常委会委员和人大专门委员会主任委员、副主任委员及委员中应当占有适当比例。全国人大常委会副委员长、县级以上地方各级人大常委会副主任中应当有适当数量的党外代表人士。

“全国和省级人大常委会中应当有民主党派成员或者无党派人士担任专职副秘书长。

“统战部门会商有关部门，负责党外人大代表、党外人大常委会组成人员候选人的推荐提名工作。

“第三十七条　省、市两级地方政府领导班子应当配备党外干部。县级从实际出发，做好政府领导班子配备党外干部工作。

“各级政府部门除有特殊要求外，均可以积极配备党外干部担任领导职务，重点在行政执法监督、与群众利益密切相关、紧密联系知识分子和专业技术性强的部门配备。

“符合条件的党外干部可以担任政府部门（单位）行政正职。各省（自治区、直辖市）在政府组成部门中应当配备 2 名左右党外正职。

“第三十八条　党外代表人士在各级政协中应当占有较大比例，在换届时委员不少于60%，常委不少于65%；在各级政协领导班子中副主席不少于50%（不包括民族自治地方）。

“全国政协和省级政协应当有民主党派成员或者无党派人士担任专职副秘书长。

“政协各专门委员会主任、副主任及委员中的党外代表人士应当占有适当比例。

“各级政协委员人选推荐工作应当坚持广泛协商，党内的由组织部门提名，党外的由统战部门提名，其中的民主党派成员、非公有制经济人士应当在提名前与民主党派、工商联协商，继续提名的各界别政协委员应当听取政协党组意见。建议名单由统战部门汇总并征求有关方面意见后，由组织部门报同级党委审定，然后按《中国人民政治协商会议章程》规定的程序办理。

“第三十九条　各级人民法院、人民检察院领导班子应当配备党外干部。

“高等学校领导班子中一般应当配备党外干部，符合条件的党外干部可以担任行政正职。加大在人民团体、科研院所、国有企业领导班子中选配党外干部的力度。

“坚持参事室统战性、咨询性和文史研究馆统战性、荣誉性的性质，文史研究馆馆员应当以党外代表人士为主体，参事室中共党员参事不超过30%。参事室、文史研究馆领导班子中应当配备党外代表人士。

“聘请党外代表人士担任司法机关和政府部门特约人员。举荐党外代表人士在有关社会团体任职。

“第四十条　符合条件的省级民主党派主委、工商联主席、无党派代表人士一般应当进入同级人大常委会、政府、政协领导班子。

“除特殊情况外，人大常委会、政协领导班子中的党外代表人士应当与担任同级职务的党内干部享受同等待遇。”

为了保证党外人士参政议政有职有权，《中国共产党统一战线工作条例（试行）》还要求各级党委搞好党同党外代表人士的合作共事，要“坚持集体领导和个人分工负责相结合，保证党外干部对分管工作享有行政管理的指挥权、处理问题的决定权、人事任免的建议权”。

此外，多党合作的相关文件还要求加强政府同民主党派的联系，健全民主党派负责人参加重要外事、内事活动的制度，健全民主党派考察调研制度，拓宽民主党派和无党派人士发挥作用的渠道，等等。

三、民主党派参政议政应遵循的原则

民主党派的参政议政是一种政党行为，也是我国政治系统内部行为主体的一种政治行为，必然要遵循原则，才能确保多党合作制度的顺利运行和健康发展。

第一，坚持中国共产党的领导和充分发扬民主。

坚持中国共产党的领导是我国多党合作政党制度的本质特征和内在规定。只有坚持中国共产党的领导，我国的多党合作制度才能坚持正确的发展方向，具有广阔的前途和发展空间。同时，参政议政又是民主党派成员的一种政治参与活动，是社会主义民主的一种表现形式。党派成员在坚持四项基本原则的前提下，应发扬民主，广开言路，对共产党和国家的方针政策、各项工作提出意见、建议和批评，做到知无不言，言无不尽，并勇于坚持正确的意见。

第二，围绕党和国家工作中心履行职能。

中国共产党和各民主党派的团结合作，历来是围绕着各个历史时期党和国家的中心任务、中心工作展开的。在建设社会主义现代化的历史时期，经济建设成为中国共产党的中心任务，这就要求民主党派的参政议政必须紧紧围绕经济建设这个中心。参政议政当然可以关注某些个别问题或具体问题，但总的来说要聚焦宏观问题，视野更高，眼界更宽。所谓参政参到点子上，议政议到关键处，主要是就涉及国计民生的宏观问题、核心问题、关键问题想方设法，出谋划策。一些具体的、微观的、琐碎的事情，尽管也涉及个别人的利益，需要予以关注解决，但不要主次不分，本末倒置。

第三，切实遵循我国政治体系的政治原则和政治规则。

中国共产党和各民主党派都必须以宪法为根本活动准则，负有维护宪法尊严和保障宪法实施的职责。民主党派的参政议政必然要以宪法为根本行动准则，遵循我国政治体系的政治原则、运行规则、价值取向和行为准则，在我国政治系统的框架中充分发挥作用。参政议政虽然表现为党派成员个人的政治活动，但本质上属于政党行为和政党活动。政治意识和政治规范要时时警觉。

第四，正确反映和妥善处理党派成员及其所联系的群众的利益和要求。

在社会主义初级阶段，社会各阶级、各阶层之间存在着根本利益一致性和具体利益的差异性。基于这一事实，民主党派参政议政既要代表和反映党派成员及其所联系的群众的利益、愿望和要求，又要从全局出发，协助共产党和政府做好成员及其所联系的群众的工作，二者是统一的，要注意角度和立场，要从维护大局稳定的角度出发参政议政，解决问题，而不是激化矛盾。

第三节　提升参政议政的能力和水平

参政议政，特别是政协的提案工作是一门技术性和专业性很强的工作。不仅要求党派各级组织主要负责人有较高的专业水平和职业素养，而且要充分发挥组织资源，加强组织管理和领导，深入实践，加强调研，才能高质量高水平履行参政议政的工作要求。

一、基本要求

第一，加强学习，提高自身的能力和水平。

民主党派的参政议政能力和水平，是与其领导骨干及其成员的素质密切相连的。领导班子成员及其骨干党员要提高自身的素质，就必须加强政治理论、党和国家方针政策以及经济、法律等各方面知识的学习。党派成员要注重两个方面的学习：一是熟悉国家和政府的大政方针和战略规划，围绕党和国家的工作中心参政议政，就要求熟悉和了解一定时期内国家的战略规划和发展布局；二是掌握参政议政必备的基本知识和技能，比如最常见的政协提案的技术规范和基本要求等。

第二，建立健全参政议政的工作机制。

参政议政不仅是民主党派成员的个人政治活动，更是参政党的组织行为。随着参政议政工作的深入展开，必然要求建立健全民主党派的参政议政工作机制，提高参政议政的组织化水平，充分发挥民主党派参政议政的整体功能和水平。参政议政是民主党派的基本职能，政协提案是参政议政最常见的形式。党派的中央和省级组织都有调查研究和参政议政的专设职能部门负责这项工作。但党派的地市一级组织人员编制少，不可能常设这样的专职机构。但可以挑选一些学有专长且热心党派工作的人经常保持联络接触，定期做一些相关的调查研究或专项课题，以备政协提案之用。

第三，着力培养民主党派的新一代社会活动家。

民主党派老一代领导人中，不少既是造诣很深的专家学者，也是享有盛名的社会活动家。他们以自己的影响力和社会活动能力，积极参政，扩大了民主党派的影响。进入新世纪，经过整体性的新老交替，培养一批新一代的社会活动家已经成为一个重要的课题。各级党派组织要注重选拔培养有代表性的、政治思想和政治活动比较突出的中青年干部，为党派的长远发展储备人才。

第四，深入实践，加强调研。

调查研究是谋事之基，成事之道。参政议政的深度和力度与深入实践、调查研究的深度成正比关系。政协提案工作的经验表明，好的政协提案都是深入实地、深度调研产生的。做好政协提案是一项长期的工作，偶或凭借多年的研究和经验临时拼凑一两件，但要长期保质保量地做好这项工作，没有大量的实际调研是不行的。

二、做好政协提案工作

政协提案工作是民主党派参政议政的基本形式。民主党派的参政议政，特别是提案工作讲究数量，但更重视质量，要强化质量意识，把质量当作参政议政的生命线。民主党派的提案工作要通过深入扎实的调研、充分可靠的依据、科学准确的分析，拿出高质量的调研报告和参政提案，体现民主党派的智慧和价值。民主党派成员要做好提案工作就要加强学习，对提案的分类、提案的基本要求和成功提案的一些经验规律有所了解和把握。

（一）关于政协提案的分类

1. 委员提案。委员提案是指政协委员以个人名义或若干委员联名提出的提案。

2. 党派提案。党派提案是指参加政协的各民主党派以本党派名义提出的提案，这类提案在提出时须加盖党派公章。

3. 团体提案。团体提案是指参加政协的有关人民团体以本团体名义提出的提案，这类提案在提出时也须加盖团体公章。

4. 界别提案。界别提案是指在政协全会期间，经界别委员讨论通过后提出的提案，此类提案须由界别负责人签署。

5. 委员小组提案。委员小组提案是指在政协全会期间，经委员小组讨论通过后提出的提案，这类提案可以由委员小组组长签署，也可由小组全体委员签署。

6. 专门委员会提案。专门委员会提案是指政协的各专门委员会提出的提案，此类提案须由专委会主任签署。

（二）政协提案的基本要求

1. 反映大事。这是“有情况”的主要点。要围绕党和国家大政方针贯彻执行，围绕改革发展和现代化建设，围绕维护社会稳定及巩固和扩大爱国统一战线，围绕人民群众普遍关心的重点问题积极献计献策，提出意见和建议。

2. 言之有据。这是有“分析”的体现。提案是政协委员和参加单位行使民主权利的重要形式，有其严肃性。言之有据，须有调查研究作基础，应避免“即兴之作”或信手拈来的“听说”“据反映”之类。

3. 案情清楚。这是解决问题的重要依据，如果主要情节不清，问题就无法解决。因此，须事实明确，言之有物，并力求开门见山，语言简洁，说理充分，判断正确，避免笼统、空洞。

4. 建议具体。这是提案能否被采纳的关键。因此，必须针对案情，提出相应的建议、意见和要求，力求具体和可行，缺乏可行性的建议，意见再好，也难以落实。

5. 一事一案。这是方法问题，如果一案多事，一是情况难以说清，二是无法确定承办单位，有时只能作来信处理。

6. 用语规范，语言精练，表述清晰准确，无文法错误。

（三）完成政协提案的四个环节

一份合格的政协提案，就像一篇重要的研究报告一样，要从选题、调研、对策和文字四个环节上下功夫。

第一，提案的选题要求聚焦党和国家工作中心。

各级政协委员或各级党派组织，都要着眼于同级党委、政府关注的宏观议题和经济社会发展规划来参政议政。民主党派参政议政要勇于面对重大问题，不回避，越是重大问题越值得下功夫研究，寻找应对和解决方案。

民主党派参政议政要从最熟悉的领域和问题入手，不说外行话，选题的方向与自己的专业或工作领域密切相关，这样可以把自己的专业知识和工作积累发挥出来，也有助于保证提案质量。

参政议政要有锲而不舍的精神，如果自己认定的选题有意义、有价值，有些选题可以相对集中和连续，要有持之以恒不松懈的精神。全国工商联 1998 年、2002 年、2003 年连续提交“私人财产保护入宪”的提案，终于促成了 2004 年十届人大二次会议通过宪法修正案，这在中华人民共和国的历史上具有重大意义。

第二，要认真做好调查研究工作。

一份好的政协提案绝不是在电脑前完成的。确定选题之后，要进行艰苦细致的调查研究。毛泽东说，没有调查就没有发言权。任玉岭委员说：建言要强调“三真”：真情实意，真实可靠，真知灼见。要做到“三真”，除了深入实际进行调研之外，没有别的途径。

调查研究要坚持问题导向，深入实际摸清真实情况，集合众智提出解决办法，努力使对策建议有的放矢、切中要害。

调查研究既要通过各种网络资料，充分利用中国知网、维普、万方等全国报刊全文数据库，了解相关学术成果，检阅以往有关成果，特别是利用每年度的全国政协委员的提案光盘，了解以往的建言情况，同时又要深入基层调查获得第一手资料。从网络上搜集社情民意也是调研的重要方面。

做好调查研究工作要尽量和有关部门、方面进行沟通交流。参政议政要解决问题，而解决问题必须通过政府有关部门按法律和政策来进行，通常又存在着诸多实际困难。因此，调研和撰写建言过程中就需要和有关单位进行沟通，从而进一步了解国家的有关政策措施，知道现在工作做到了哪一步，明了解决问题的关键和瓶颈何在。参政议政不与有关部门沟通，就难免会导致信息不明，要害不清，办法不当，降低建言的价值和成效，甚至完全无用。

第三，对策建议是提案的关键。

一份好的提案就要使提出的问题得到较好解决。提案就应给出好的办法，具有可行性或可操作性，也就是具有实施的条件和可能。否则问题再重要，提案也没有意义。因此，对策建议是提案的要害和关键部分。目前数量很大的一部分提案解决问题的建议不外乎是：一是领导重视，二是增加投入，三是政策优惠，四是完善体制机制，五是加强宣传，如此等等。但针对不同的问题，不同的提案应该提出更加具体有针对性的解决办法。同时，提案的对策部分还应该注意下面几点。

一是解决问题的条件是否具备。建言最好提三五年之内也就是本届政府任期内可以办的事，最长也应是七八年内要办的事，可列入中期规划。再远的事就没有多大意义，因为不具备解决条件，提出来也只会被束之高阁。

二是要针对问题的关键出主意。中国的社会主义建设已有 70 多年了，改革开放发展到今天，面临的问题大多是比较复杂的，需要从多方面着手用综合办法加以解决，需要在诸多矛盾当中抓住主要矛盾或主要方面，抓住“关键或核心问题”就能推动整个问题的解决。

三是要善于找到重点或关键解决办法，对策切忌面面俱到、泛泛而谈。现在一些提案和建言建议很多，但重点和特色不突出，一般化，不管用，问题就出在没有抓住关键。

四是要在综合协调上想办法。现在改革如滚石上山，越接近成功，困难越大。改革进入攻坚期和深水区。好吃的肉、好喝的汤都吃完了，喝完了，剩下的都是硬骨头。稳定面临现实问题：如教育、医疗、住房、食品药品安全等。这些问题都是矛盾盘根错节，解决起来面临两难、三难甚至多难，非各方通力合作不能解决。只从枝节上考虑，不仅难以解决问题，甚至按下葫芦浮起了瓢，好心办成坏事，要解决这些复杂问题需要综合协调，要有系统思维，综合考量，即使是就一个小问题提建议，也要尽可能考虑得周全一些，系统一些。

第四，注意政协提案的语言文字。

政协提案不是研究报告，也不是纪实文学，不需要艺术加工，更不需要渲染夸张。政协提案是有明确技术要求的工作文件。政协提案文字尽量简短，语言表述严谨准确。一要避免长篇大论，枝蔓繁复；二要避免文字含糊，模棱两可；三忌观点片面，语意偏激；四要反复修改。提案基本完成后，要反复修改，使之更臻完善。好的提案是要解决问题，而不仅仅是提出问题，以文字数量取胜。

第六章 民主党派的民主监督

美国学者亨廷顿认为，传统政治向现代政治的转变，传统的国家治理与现代的国家治理明显不同，特征体现在三个方面：一是权威的合理化，即现代政治权威的主要来源不是依靠传统的世袭，而是基于选举的多数民众的支持和认可；二是政治结构的分化，即现代政治过程和国家治理比传统的国家治理，具有更多分工更专业、效率更高的政治职能部门，以应对日益复杂的现实政治的需要；三是政治参与的扩大，即传统的政治过程是垄断在极少数权力精英手中，普通民众没有更多政治参与的机会和渠道，而现代政治是建立在不同形式的广泛的公民政治参与基础之上的。我国现代政治的发展与民主党派的充分深度的政治参与密不可分。民主党派参与国家治理主要体现在它的政治职能方面：民主监督、参政议政、参加共产党领导的政治协商。这三个方面的职能即是民主党派参与现代国家治理的重要内容，也反映出现代政治的普遍规律，那就是都体现了当代中国民主政治的发展，特别是政治参与的扩大。

政党政治是现代民主政治的重要标志。中国的政党制度是中国民主政治的重要载体。中国的政党制度既有世界政党政治发展的一般规律，同时又有自身的特色。民主监督是政党政治的普遍现象，同时，中国民主党派的民主监督又有自身的特色。民主监督是民主党派和无党派人士的基本政治职能之一，是中国共产党领导的多党合作和政治协商制度的基本功能和内在要求，是社会主义政治文明的重要体现。充分发挥民主党派和无党派人士的民主监督职能，不仅是社会主义政治文明发展进步的必然要求，而且对于完善中国政党制度，推动民主党派和无党派人士的自身建设具有十分重要的意义。

第一节　民主党派民主监督职能的确立

民主监督这个词汇，在统一战线语境中使用频率非常高，大家似乎十分熟悉。这个词汇即使在一般的社会生活中，应用也较为普遍。但是，如果真正探究民主监督的准确含义，特别是在统一战线语境中民主监督含义，即便是一般中共干部或党外人士等统战成员，也未必能够准确理解。而且，民主监督的历史渊源、概念和内涵在不同历史时期有很大变化，在不同的语境中其含义也不尽相同。所以，很有必要对民主监督的概念及其内涵作一详细探讨。

从中国共产党的重要政策文件相关内容来看，民主监督词义的前后变化有一个较长的过程。延安时期的民主监督是与国家制度有关的权力监督；新中国成立后，在第一代领导集体里面曾经出现过监督和互相监督的提法；邓小平在 1978 年底的一个讲话中第一次提出了民主监督，后来成为人民政协的基本职能之一。当代中国统一战线话语体系里面，民主党派和无党派人士的民主监督已经成为一个有特定含义和中国特色的政治词汇。

一、民主监督的渊源

民主监督这一词汇来源于马克思主义经典著作。马克思早在19世纪70年代中期就使用过了，而且最早的监督是与民主和国家权力等概念联系在一起的。

民主监督这个政治学词汇是从国外传入的。英语中“民主监督”（democratic supervision）是一个偏正词组，即“民主的监督”。如果深究其中的含义，则要准确地理解“民主”（即democracy）的含义。

民主democracy从其字面上来看是由希腊文δημος（demos人民）和κρατειν（kratia统治）派生出来的，意为“由人民进行统治”。[①] 至于民主的统治方法以及“人民”的构成范围则有许多不同的定义，但民主一般的原则要求由多数人进行统治。所以，民主的含义错综复杂，包罗万象，民主的定义也林林总总，见仁见智。但总的说来，民主是一种国家制度，是与国家权力的行使（统治权）密切相关的制度安排。

网络上，百度词条里对监督也有解释。监督（supervise）：即对现场或某一特定环节、过程进行监视、督促和管理，使其结果能达到预定的目标。简单说，监督就是监察、督促的意思，这在中国古代汉语里也有此义。[②]

---

① ［英］戴维·米勒、韦农·波格丹诺（英文主编），邓正来（中文主编）：《布莱克维尔政治学百科全书（修订版）》，中国政法大学出版社2002年版，第200页。

② 《周礼·地官·乡师》：“大丧用役则帅其民而至，遂治之”。汉郑玄注：“治谓监督其事。”贾公彦疏：“谓监当督察其事。”《隋书·炀帝纪上》：“〔大业〕二年春正月辛酉，东京成，赐监督者各有差。”《水浒传》第五六回：“叫汤隆打起一把钩镰枪做样，却教雷横提调监督。”这些古代用法都是监察、督促的意思。见360百科监督词条：https：//baike. so. com/doc/1125915 – 1191158. html，2019年9月20日。

民主监督作为一个偏正词组，两个词汇连在一起就是“民主的监督”，即与国家管理统治权力有关的监察和督促。对词义的这种剖析和解释恐怕还是不能清楚地给民主监督一个简单明了的解释。但是，这种剖析至少让我们明确：民主监督是监督主体“人民”对监督客体“国家管理统治权力”的监察和督促，是与某种国家制度紧密相连的。

在传统的马列经典著作中，民主监督这个词汇并不鲜见。谈到监督或者民主监督，马列经典著作中的含义与西方政治生活中的含义没有太多的差别。

马克思在其名著《哥达纲领批判》中，讨论过“民主监督”。文中提到：“为了替社会问题的解决开辟道路，德国工人党要求在劳动人民的民主监督下依靠国家帮助建立生产合作社。无论在工业中，或是在农业中，生产合作社都必须普遍建立起来，以便从它们里面产出调节总劳动的社会主义组织。”①

文中马克思批评德国工人党领袖拉萨尔试图用国家帮助下的生产合作社来解决社会问题的主张，嘲笑他“由于还知道点羞耻，于是就把‘国家帮助’置于‘劳动人民的民主监督之下’”②。接着马克思解释了民主监督的主体即“劳动人民”及什么是民主监督问题。他认为：

“第一，德国的‘劳动人民’大多数是农民而不是无产者。”

---

① 《马克思恩格斯文集》第3集，中共中央编译局编译，人民出版社2009年版，第442页。

② 同①，第442—443页。

“第二，‘民主的’这个词在德文里意思是‘人民当权的’。什么是‘劳动人民的人民当权的监督’呢？何况他们所说的是这样的劳动人民，他们通过向国家提出的这些要求表明他们充分意识到自己既没有当权，也没有成熟到当权的程度！”①

从以上关于马克思谈民主监督文字以及当时的语境中我们不难看出：民主监督一词在马克思的著作中与其在西方政治学研究中的本义是一致的，即民主监督是与权力相关的监督，是与国家制度密不可分的。由于民主本身就是一种国家的制度安排，与权力的行使紧密相连，而监督也主要是针对权力的滥用而设，监督本身也是一种权力的行使。所以，在西方的语境中民主监督（劳动人民的人民当权的监督——马克思语）一词给人感觉多少有点同义语反复的意思，总感觉是一种画蛇添足的重复的表达方式。

所以列宁在其晚年的文章《我们怎样改组工农检察院》和《宁肯少些，但要好些》② 中，就直接使用的是监督和检察等词汇，而不是民主监督（人民当权的监督——马克思语）这样一个在西方表达习惯中感觉有点语义重复的词汇。

时至今日，即使用英文“democratic supervision”作为搜索关键词，无论在百度还是谷歌等网站，几百万条的相关搜索结果几乎都是与中国相关的信息。所以，在当代，民主监督一词已经在

---

① 《马克思恩格斯文集》第3集，中共中央编译局编译，人民出版社2009年版，第443页。

② 《列宁专题文集》(论社会主义)，中共中央编译局编译，人民出版社2009年版，第361—380页。

很大程度上是一个具有中国特色的词汇了。

二、民主监督的发展变化

当代中国的民主监督一词毫无疑问源自马列经典著作，但其使用和内涵有一个逐步变迁的过程，从最早延安时代的“监督政府”到1956年毛泽东提出的“长期共存，互相监督”再到《中国共产党领导的多党合作和政治协商制度的意见》（中发〔1989〕14号）文件中的“监督”和其后的“民主监督”，其内涵随着时间的推移也发生了很大变化。

（一）延安时期的监督政府

早在延安时期，中国共产党在陕甘宁边区、晋察冀等地局部执政，就探索提出过让人民当家作主来监督政府是跳出王朝兴衰更替历史周期律的新路。

《陕甘宁边区施政纲领》规定：“人民则有无论何种方式控告任何公务人员非法行为之权利。”[①] 1943年4月《陕甘宁边区政纪总则草案》规定：“凡政务人员，对政府工作或负责人员，有建议和批评之权利”“各下级政府或政务人员，如接得人民向上级政府控告的诉状，特别是控告政务人员的诉状，须随时负责转呈上级政府，不得有任何阻难，亦不得置之不理”。[②] 1941年11月修正通过的《陕甘宁边区各级参议会选举条例》第16条规定，各级参议员在任期内如有不称职的，得由该级议员选举之

---

① 中国延安干部学院编：《党在延安时期局部执政的历史经验》，中央文献出版社2010年版，第93页。

② 同①，第93页。

法定人数1/10以上的选民提议，经由该选举单位投票免之。①

1945年7月，毛泽东与时任重庆国民参政会参政员的黄炎培先生在延安有一次关于“历史周期律”的著名讨论。毛泽东问黄炎培一行来延安几天考察有什么感想。黄炎培坦率地回答：“我生60多年，耳闻的不说，所亲眼看到的，真所谓‘其兴也勃焉，其亡也忽焉’，……一部历史，‘政怠患成’的也有，‘人亡政息’的也有，‘求荣取辱’的也有。总之没有能跳出这周期律。中共诸君从过去到现在，我略略了解了的，就是希望找出一条新路，来跳出这条周期律的支配。”② 毛泽东回答：“我们已经找到了新路，我们能跳出这周期律。这条新路，就是民主。只要让人民起来监督政府，政府才不敢松懈，只有人人起来负责，才不会人亡政息。”③

这是中共最高领导人第一次将监督政府与民主联系在一起讨论。民主一词本义就是一种国家制度，是与国家权力有关的制度安排，在这样的制度体系中，普通人有权力通过一定的形式来行使权力，监督国家权力机关。所以，毛泽东所说的民主就是人人起来负责，人民起来监督政府。这一时期的民主和监督的含义与马克思和列宁经典著作中“民主”“监督”的内涵是一致的，是一种人民对权力的监督形式，这种监督包括建议权、批评权和罢免权。

---

① 中国延安干部学院编：《党在延安时期局部执政的历史经验》，中央文献出版社2010年版，第94—95页。

② 黄炎培：《延安归来》，《八十年来——黄炎培自述》，文汇出版社2000年版，第204—205页。

③ 同②，第204—205页。

（二）长期共存，互相监督

传统政治向现代政治发展变化的一个重要的体现就是政治结构的分化和政治功能的专门化。[①] 新中国成立后，随着政治系统的重构和政治结构的分化、政治职能的专门化，这种与国家制度和权力相联系的民主监督的含义发生了一些变化。中央人民政府成立后，专门的国家权力监督部门的出现，民主监督这一与国家制度相关的权力监督，无论监督主体还是监督形式和内容，都发生了很大变化。从而，民主监督的内涵也发生相应的变化。

中华人民共和国中央人民政府成立前，新政协大会暂时代行国家权力机关职责，其中的民主党派和无党派人士与中共一道担负起民主监督的职责。这时候的民主、监督依然与国家制度密切相关，是一种权力监督。

1949 年 9 月 29 日中国人民政治协商会议第一届全体会议通过的《中国人民政治协商会议共同纲领》第十九条规定：“在县市以上的各级人民政府内，设人民监察机关，以监督各级国家机关和各种公务人员是否履行其职责，并纠举其中之违法失职的机关和人员。”[②]

1954 年 9 月第一届全国人民代表大会召开后，“1954 年 12 月召开了第二届政协全国委员会，标志着实行人民代表大会制后人民政协的职能的变化，也标志着我国人民民主统一战线的继续发

---

① ［美］塞缪尔·P. 亨廷顿著：《变化社会中的政治秩序》，王冠华、刘为等译，生活·读书·新知三联书店 1989 年版，第 100 页。

② 全国政协文史资料委员会编：《中国人民政协协商会议第一届全体会议亲历记》，中国文史出版社 2003 年版，第 377 页。

展和加强”。[①] 由于全国人民代表大会第一次会议已经召开，今后人民政协的性质成为团结全国各民族、各民主党派、各人民团体、国外华侨和其他爱国民主人士的人民民主统一战线组织。人民政协不再代行人大的职责，其性质、职能发生了变化。“人民政协作为统一战线组织，可以而且应该代表统一战线各方面成员的意见和要求，对政府工作提出批评和建议，但它不具有国家权力机关的那种监督、检查、质询、弹劾的权力。人民政协的作用，在于广泛联系各方面的人民群众，充分反映他们的意见和批评、建议，以利于党和政府集中正确意见，及时发现和纠正工作中的缺点和失误。人民政协的这种民主监督，虽然不具有法律约束力，但同样受到党和政府的尊重和重视，对于健全国家政治生活、促进各项社会事业的发展，同样是重要的，不可代替的。”[②]

人民政协的性质和职能发生变化过程中，民主党派的职能和作用也发生了一些变化。1956 年底，新中国的社会主义改造基本完成，民主党派的性质随之发生重大变化。民主党派由资产阶级性质的政党逐步转变为社会主义性质的政治联盟，其政治定位和作用也发生相应的变化。1956 年，毛泽东在《论十大关系》中谈到党（中国共产党）与非党的问题时候说：“究竟一个党好，还是几个党好？现在看来，恐怕是几个党好。不但过去如此，而且将来也可以如此，就是长期共存，互相监督。”[③] 他说：“我们有意识的留下民主党派，让他们有发表意见的机会，对他们采取又

① 李维汉著：《回忆与研究》（下），中共党史出版社 2013 年版，第 618 页。
② 同①，第 621 页。
③ 《毛泽东选集》第 5 卷，人民出版社 1977 年版，第 279 页。

团结又斗争的方针。一切善意的向我们提意见的民主人士，我们都要团结。……这对党，对人民，对社会主义比较有利。”①

毛泽东这里提到的监督，意指让民主党派提意见、建议和批评等，这样的监督性质与第一届人大召开后人民政协新的作用逐步接近。因为有了人大这样专门的权力监督机构，民主监督的内涵开始发生明显变化。这时候人民政协与民主党派的监督开始逐渐同人大的监督相区别，开始具有政治监督而非权力监督的内涵。

在随后几年里，毛泽东经过研究和思考，在《关于正确处理人民内部矛盾的问题》中对“长期共存，互相监督”做了详细解释。毛泽东认为，坚持六条政治标准②是民主党派与共产党长期共存的政治基础。谈到互相监督，他说：“各党派互相监督的事实，也早已存在，就是各党派互相提意见，作批评。所谓互相监督，当然不是单方面的，共产党可以监督民主党派，民主党派也可以监督共产党。为什么要让民主党派监督共产党呢？这是因为一个党同一个人一样，耳边很需要听到不同的声音。大家知道，主要监督共产党的是劳动人民和党员群众。但是有了民主党派，对我们更为有益。当然，各民主党派和共产党相互之间所提的意

① 《毛泽东选集》第 5 卷，人民出版社 1977 年版，第 279 页。

② 六条政治标准是毛泽东在 1957 年《关于正确处理人民内部矛盾的问题》中提出的。这六条政治标准是：（一）有利于团结全国各族人民，而不是分裂人民；（二）有利于社会主义改造和社会主义建设，而不是不利于社会主义改造和社会主义建设；（三）有利于巩固人民民主专政，而不是破坏或者削弱这个专政；（四）有利于巩固人民民主集中制，而不是破坏或者削弱这个制度；（五）有利于巩固共产党的领导，而不是摆脱或者削弱这种领导；（六）有利于社会主义的国际团结和全世界爱好和平人民的国际团结，而不是有损于这些团结。这六条标准中，最重要的是社会主义道路和党的领导两条。

见，所作的批评，也只有在合乎我们在前面所说的六条政治标准的情况下，才能够发挥互相监督的积极作用。因此，我们希望各民主党派都能注意思想改造，争取和共产党一道长期共存，互相监督，以适应新社会的需要。”①

从以上这些论述中我们不难看出，民主、监督相关内涵随着中国政治发展逐步发生改变：由新中国成立初期的权力监督，随着第一届人民代表大会的召开，慢慢转变成后来的政治监督。毛泽东提出的互相监督，特别是民主党派对共产党的监督，是为了让共产党听到不同声音，让民主党派对共产党提出意见和批评。这里已经可以看出毛泽东把权力监督和政治监督明显区分开来，人民政协、民主党派的这种监督是政治监督而不是权力监督。

毛泽东提出了“长期共存，互相监督”的方针，基本是把监督作为民主党派对共产党提出意见批评的政治监督。这种监督内容的变化并不是把民主监督与国家权力完全割裂，依然与社会主义民主密切相关。

周恩来说：“有不少朋友参加了最高国务会议，说了我们工作中的缺点和错误。……，今后要把事情搞得更好，大家要共同负责，长期共存，互相监督，民主党派要负起监督的责任。我们把事情报告出来，也做了初步的经验总结，今后根据大家同意的方针和任务去执行。在执行过程中，民主党派要进行监督，提意见。”不单如此，他更把互相监督同社会主义民主联系在一起。

① 《毛泽东选集》第5卷，人民出版社1977年版，第394—395页。

周恩来在论述“长期共存，互相监督”时说：“长期共存，互相监督的方针，实际上是扩大民主。我们是六亿人口的国家。要把六亿人的生活搞好，建设社会主义，没有互相监督，不扩大民主，是不可能做得好的。因此，互相监督的面还要扩大，不能缩小。”①

（三）政协的民主监督和民主党派的监督职责

在人民政协中展开民主监督工作，源自中国共产党与各民主党派、无党派人士团结合作、互相监督的理论和实践。1978 年中共十一届三中全会以后，以邓小平为核心的中国共产党第二代中央领导集体，明确提出新时期统一战线和人民政协的性质和任务，确立了中国共产党同各民主党派长期共存、互相监督、肝胆相照、荣辱与共的方针，并以党的决议形式肯定了中国共产党领导的多党合作和政治协商制度在我国社会主义政治制度建设中的重要地位。

邓小平指出：“为了实现四个现代化，必须发扬社会主义民主和加强社会主义法制。人民政协是发扬人民民主、联系各方面人民群众的一个重要组织。中国的社会主义现代化建设事业，继续需要政协就有关国家的大政方针、政治生活和四个现代化建设中的各项社会经济问题，进行协商、讨论，实行互相监督，发挥对宪法和法律实施的监督作用。”② “在新的长征中，在四项基本

① 《周恩来统一战线文选》，出自《长期共存，互相监督》，1957 年 4 月 24 日，人民出版社 1984 年版，第 352 页。

② 《邓小平文选》第 2 卷，《新时期人民的统一战线和人民政协的任务》，1979 年 6 月 15 日，人民出版社 1994 年版，第 188 页。

原则的指引下，实行互相监督，充分发扬社会主义民主，加强社会主义法制，对于增强和维护安定团结，共同搞好国家大事，是十分重要的。”①

此外，邓小平还从发扬社会主义民主，健全民主集中制的角度出发，提出了民主监督的概念。邓小平认为，当务之急是要大力发扬社会主义民主，他说：“解放思想，开动脑筋，一个十分重要的条件就是要真正实行无产阶级的民主集中制。我们需要集中统一的领导，但是必须有充分的民主，才能做到正确的集中。当前这个时期，特别需要强调民主。因为在过去一个相当长的时间内，民主集中制没有真正实行，离开民主讲集中，民主太少。”②

邓小平明确指出：“在中国共产党的领导下，实行多党派的合作，这是我国具体历史条件和现实条件所决定的，也是我国政治制度中的一个特点和优点。”③ 1982 年，以新修订的《中华人民共和国宪法》为依据，新修订的政协章程明确提出政协的性质和作用是“我国政治生活中发扬社会主义民主的一种重要形式，根据中国共产党同各民主党派和无党派人士‘长期共存，互相监督’，‘肝胆相照，荣辱与共’的方针，对国家的大政方针和群众生活的重要问题进行政治协商，并通过建议和批评发挥民主监督

---

① 《邓小平文选》第 2 卷，《各民主党派和工商联是为社会主义服务的政治力量》，1979 年 10 月 19 日，人民出版社 1994 年版，第 205 页。

② 《邓小平文选》第 2 卷，《解放思想，实事求是，团结一致向前看》，1978 年 12 月 13 日，人民出版社 1994 年版，第 143 页。

③ 同①，第 205 页。

作用”①。

1987 年中共十三次全国代表大会政治报告中关于完善社会主义民主政治的若干制度认为，人民政协是包括各民主党派、各人民团体和社会各方面代表的爱国统一战线组织。要加强政协自身的组织建设，逐步使国家大政方针和群众生活重大问题的政治协商和民主监督经常化。要坚持“长期共存、互相监督，肝胆相照、荣辱与共”的方针，完善共产党领导下的多党合作和政治协商制度，进一步发挥民主党派和无党派爱国人士在国家政治生活中的作用。这就为人民政协的民主监督职能的确立提供了政治依据。

根据《中华人民共和国宪法》（1982 年）、《中国人民政治协商会议章程》（1982 年）的有关规定和中共十三大对人民政协提出的要求，为加强社会主义民主政治建设，逐步实现政治协商、民主监督的经常化、制度化，完善共产党领导的多党合作制度和政治协商制度，进一步发挥各民主党派、无党派爱国人士、人民团体、少数民族人士和各界爱国人士在国家政治生活中的作用，政协全国委员会专门制定了关于政治协商和民主监督的暂行规定。《政协全国委员会关于政治协商、民主监督的暂行规定》里面明确地概括了政协的两大职能，规定阐明了政治协商和民主监

① 《中国人民政治协商会议章程》，1982 年 12 月 11 日，中国人民政治协商会议全国委员会官网。http：//www. cppcc. gov. cn/page. do？pa = 2c90489523208b1d012328e994c60365&guid = 05ce1e5b5bec48f0af145acde5fe2b6e&og = 402880631d4c692f011d4c8f6119008b。

督的目的、内容和形式。①

1989 年中共十三届四中全会以后，以江泽民为核心的中国共产党第三代中央领导集体深刻总结苏东剧变的惨痛教训，强调中国的政局要稳定，首先要稳定多党合作这个格局，明确中国共产党领导的多党合作和政治协商制度是我国的一项基本政治制度②，并将这一制度写入党章、载入宪法、纳入中国共产党在社会主义初级阶段的基本纲领。1989 年，在与各民主党派充分协商的基础上，中共中央制定并颁布了《中共中央关于坚持和完善中国共产党领导的多党合作和政治协商制度的意见》〔中发（89）14 号文件〕。文件全面总结了新中国成立以来共产党领导

---

① 政协全国委员会关于政治协商、民主监督的暂行规定。1989 年 1 月 27 日。其中第二条规定：政治协商、民主监督的目的是：发扬社会主义民主，反映社会各方面的意见和要求，为参加人民政协的各民主党派、无党派爱国人士、人民团体、少数民族人士和各界爱国人士参政议政开辟畅通的道路，集思广益，促进国家重大决策的科学化与民主化；协助并推动国家机关改进工作，提高效率，克服官僚主义，反对腐败现象，监督国家宪法、法律和方针政策的贯彻执行；推动社会主义物质文明、社会主义精神文明和社会主义民主法制的建设，促进社会生产力的发展；协调社会各方面的关系，促进各方面的相互沟通和理解，加强共产党领导的各党派的团结合作；贯彻执行“一国两制”的方针，促进祖国统一大业的实现。第五条规定：民主监督的主要内容包括：国家宪法与法律、法规的实施情况，中共中央与国家领导机关制定的重要方针政策的贯彻执行情况，国民经济和社会发展计划及财政预算执行情况，国家机关及其工作人员在履行职责、遵守法纪、为政清廉等方面情况，参加政协的各单位和个人遵守政协章程和执行政协决议的情况。第六条规定：民主监督的主要形式有：政协全国委员会的全体会议、常委会议或主席会议向中共中央、全国人大常委会、国务院提出建议案，各专门委员会提出建议或有关报告，委员视察，委员提案，委员举报或以其他形式提出批评和建议，参加中共中央、国务院有关部门组织的调查和检查活动。

参见：中国人民政治协商会议全国委员会官网。http：//www. cppcc. gov. cn/page. do？pa = 2c90489523208b1d012328e994c60365&guid = 263d7416158b4c14a6300882db08ff9f&og = 402880631d4c692f011d4c8f6119008b。

② 《中共中央关于坚持和完善中国共产党领导的多党合作和政治协商制度的意见》〔中发（89）14 号文件〕。

的多党合作的成功经验，阐明了我国多党合作的一系列重要原则，明确了民主党派在国家政治生活中的参政党地位，提出了民主党派参政的基本点和履行监督的总原则，成为指导多党合作和民主党派工作的一个纲领性文件，推动了多党合作事业的蓬勃发展。

三、当代中国的民主监督：性质、形式和内容

广义上的民主监督是社会各界全体人民的各种各样形式的监督，在当代中国的统一战线语境下，民主监督特指人民政协和民主党派及无党派人士的民主监督。这两种民主监督源自政党监督理论和国家制度设计，具有特定的形式和内容。

改革开放以来，中国共产党领导的多党合作和政治协商制度在国家政治生活中越来越重要。1992 年，中共十四大把完善中国共产党领导的多党合作和政治协商制度列入建设有中国特色社会主义理论的重要内容。1993 年，根据中国共产党和各民主党派的提议，全国人大八届一次会议将“中国共产党领导的多党合作和政治协商制度将长期存在和发展”① 写入宪法，使这项制度成为国家意志。1997 年，中共十五大把坚持和完善中国共产党领导的多党合作和政治协商制度提高到建设有中国特色社会主义政治的高度，纳入中共在社会主义初级阶段的基本纲领。2002 年，中共十六大将这项制度作为今后必须长期坚持的十条基本经验之一。

---

① 《1993 年宪法修正案》第四条：宪法序言第十自然段末尾增加：“中国共产党领导的多党合作和政治协商制度将长期存在和发展。”中国人民政治协商会议全国委员会官网：http：//www. cppcc. gov. cn/page. do？ pa = 2c90489523208b1d012328e994 c60365&guid = 4eed90b713cc42e085ebbeeda060671e&og =402880631d4c692f011d4c8f 6119008b。

人民政协的民主监督和民主党派的民主监督在形式、内容、监督的体制机制方面日益完善。

（一）人民政协的民主监督

关于人民政协的民主监督，刘澜涛在1982年关于修改政协章程的报告里面谈到，“根据历史经验，人民政协的主要职能是对国家的大政方针和地方重要事务以及群众生活、统一战线内部关系等重要问题进行政治协商，并通过提出建议和批评，发挥民主监督的作用。……人民政协以及各民主党派、人民团体和各界人士就国家事务提意见、作批评，这就是监督。这也是我国政治生活中的一项优良传统。这种监督，不同于人民代表大会的监督。人大运用国家权力实行监督，具有法律的约束力。人民政协的监督不具有国家权力的性质，没有法律约束力，是一种民主监督。在是否行使国家权力这一点上，人大和政协是根本不同的。但是，这种区别对于建设高度的社会主义民主来说，恰恰可以起到相辅相成的积极作用。人民政协实行民主监督的基本方式是建议和批评；协助国家机关改进工作，提高工作效率，克服官僚主义，则是民主监督的建设性的目的。政协各级组织只要认真地进行调查研究，并在此基础上提出有益的建议和中肯的批评，就一定能够很好地发挥民主监督的积极作用，并且得到国家机关和有关方面的欢迎和支持”①。

这是对民主监督内涵变化后最清楚的说明，通过民主监督的

---

① 刘澜涛：《关于〈中国人民政治协商会议章程〉（修改草案）说明》，1982年11月24日，中国人民政治协商会议全国委员会官网，http：//www. cppcc. gov. cn/page. do？pa = 2c90489523208b1d012328e994c60365&guid = c6f6b0c71b39425faa778db8b749b551&og = 402880631d4c692f011d4c8f6119008b。

性质表明人民政协的性质和职能与人民代表大会有根本区别。人民政协已经不是国家权力机关，是“有党派性统一战线组织”①。明确了这一性质之后，关于政协民主监督的目的、形式和内容也开始逐步明确：

1995 年 1 月 14 日，中国人民政治协商会议第八届全国委员会常务委员会第九次会议通过的《政协全国委员会关于政治协商、民主监督、参政议政的规定》明确了人民政协民主监督的主体、目的、方式和内容。②

---

① 李维汉著：《回忆与研究》（下），中共党史出版社 2013 年版，第 621 页。

② 其中规定：

“第一条　人民政协的主要职能是政治协商和民主监督，组织参加本会的各党派、团体和各族各界人士参政议政。

“第二条　政治协商、民主监督、参政议政的目的是：发扬社会主义民主，反映社会各方面的意见和要求，为参加人民政协的各民主党派、无党派爱国人士、人民团体、少数民族人士和各界爱国人士发挥作用开辟畅通的渠道，集思广益，促进国家重大决策的科学化与民主化；监督国家宪法、法律和方针政策的贯彻执行，协助并推动国家机关改进工作，提高效率，克服官僚主义，反对腐败现象；推动社会主义物质文明、社会主义精神文明和社会主义民主法制的建设，促进社会主义市场经济和社会生产力的发展；协调社会各方面的关系，促进各方面的相互沟通和理解，加强在共产党领导下各党派的团结合作；贯彻执行‘和平统一、一国两制’的方针，促进祖国统一大业的实现。……

“第四条　民主监督是对国家宪法、法律和法规的实施，重大方针政策的贯彻执行、国家机关及其工作人员的工作，通过建议和批评进行监督。

“民主监督的主要内容包括：国家宪法与法律、法规的实施情况，中共中央与国家领导机关制定的重要方针政策的贯彻执行情况，国民经济和社会发展计划及财政预算执行情况，国家机关及其工作人员履行职责、遵守法纪、为政清廉等方面情况，参加政协的各单位和个人遵守政协章程和执行政协决议的情况。

“民主监督的主要形式有：政协全国委员会的全体会议、常务委员会议或主席会议向中共中央、国务院提出建议案，各专门委员会提出建议或有关报告；委员视察，委员提案，委员举报或以其他形式提出批评和建议；参加中共中央、国务院有关部门组织的调查和检查活动。

“第五条　参政议政是政治协商和民主监督的拓展和延伸。”

以上内容来自中国人民政治协商会议全国委员会官网，http：//www. cppcc. gov. cn/page. do? pa = 2c90489523208b1d012328e994c60365&guid = 200702140118&og = 402880451d617596011d61b6834423d2。

此外，为确保人民政协和各民主党派能够充分发挥政治协商和民主监督的职能，1989 年 1 月 27 日，政协全国委员会专门制定了关于政治协商和民主监督的暂行规定。1995 年 1 月 14 日，中国人民政治协商会议第八届全国委员会常务委员会第九次会议通过的《政协全国委员会关于政治协商、民主监督、参政议政的规定》明确指出："中国人民政治协商会议是中国人民爱国统一战线的组织，是中国共产党领导的多党合作和政治协商的重要机构，是我国政治生活中发扬社会主义民主的重要形式。中国共产党领导的多党合作和政治协商制度，是我国的一项基本政治制度，体现了我国政治体制的特点和优势。它是在长期的革命和建设过程中形成的，并将长期存在和发展。根据《中华人民共和国宪法》《中国人民政治协商会议章程》的有关规定和中共中央对人民政协提出的要求，以建设有中国特色社会主义理论为指导，为加强社会主义民主政治建设，逐步实现政治协商、民主监督和参政议政的规范化、制度化，进一步发挥各民主党派、无党派爱国人士、人民团体、少数民族人士和各界爱国人士在国家政治生活中的作用，特制定本规定。"①

中共十六大以来，以胡锦涛为总书记的中共中央着眼于坚持走中国特色社会主义政治发展道路，着力推进多党合作和政治协商的制度化、规范化、程序化，先后颁发了《关于进一步加强中国共产党领导的多党合作和政治协商制度建设的意见》（2005）、

---

① 中国人民政治协商会议全国委员会官网，http://www.cppcc.gov.cn/page.do?pa=2c90489523208b1d012328e994c60365&guid=200702140118&og=402880451d617596011d61b6834423d2。

《关于加强人民政协工作的意见》（2006）、《关于巩固和壮大新世纪新阶段统一战线的意见》（2006）等重要文件。2006 年 2 月 8 日，《中共中央关于加强人民政协工作的意见》进一步明确："人民政协的民主监督是我国社会主义监督体系的重要组成部分，是在坚持四项基本原则 的基础上通过提出意见、批评、建议的方式进行的政治监督。它是参加人民政协的各党派团体和各族各界人士通过政协组织对国家机关及其工作人员的工作进行的监督，也是中国共产党在政协中与各民主党派和无党派人士之间进行的互相监督。"① 对于政协民主监督的七种形式和三方面内容也做了进一步的明确。②

十八大以来，中共中央出台了一系列关于社会主义协商民主的文件，有力地推动了社会主义民主政治发展。2017 年中央办公厅颁发了《关于加强和改进人民政协民主监督工作的意见》，进一步丰富和完善了人民政协政治协商、民主监督、参政议政的内容与形式，其中，关于民主监督的意义、内容、形式、工作机制和党的领导等诸方面做了明确的规定。

（二）民主党派的民主监督

1956 年，社会主义改造完成后，毛泽东等第一代中央领导集体确立了"长期共存，互相监督"的多党合作的重要方针，确立了民主党派的监督职责。改革开放后，在邓小平等第二代领导集体的坚持和推动下，多党合作日益制度化、规范化和程序化，民

---

① 全国政协办公厅研究室、全国政协文史和学习委员会编：《中共中央关于加强人民政协工作的意见辅导读本》，中国文史出版社 2006 年版，第 348 页。

② 同①，第 348 页。

主党派民主监督的形式和内涵逐步规范和明确。

1989 年，《中共中央关于坚持和完善中国共产党领导的多党合作和政治协商制度的意见》为我国的多党合作制度奠定了坚实的基础。文件规定了民主党派监督作用的总原则，提出了进一步发挥民主党派在人民政协中的作用，特别提出政协全国委员会制定的《关于政治协商、民主监督的暂行规定》应当认真贯彻执行。①

2005 年，中共中央颁发的《中共中央关于进一步加强中国共产党领导的多党合作和政治协商制度的意见》中明确了民主党派民主监督的三个方面内容，并提出了民主党派民主监督的六种主要形式。2015 年，中共中央颁发的《中国共产党统一战线工作条例（试行)》，在总结完善民主党派民主监督实践经验的基础上，提出了民主党派民主监督的十种形式。这十种形式拓宽了民主监督的范围和形式，便于民主党派和无党派人士通过各种形式丰富和完善民主监督机制，有利于推动民主监督工作在各领域展开，并取得实效。

此外，为推动民主党派和无党派人士的民主监督工作，2016 年中共中央邀请民主党派与中西部八个省份对接，对脱贫攻坚开展专项民主监督工作。这是中共中央赋予民主党派的一项新任务，是民主党派履行民主监督职能的新领域，也是中国共产党和民主党派共同探索民主监督取得切实效果的新尝试。这种民主监督的专项工作在中国共产党和民主党派的共同推动下，有利于克

① 刘延东主编：《当代中国的民主党派》，当代中国出版社 1999 年版，第 758 页。

服民主监督中信息沟通不畅、监督环节缺失、监督成效难彰等以往民主监督存在的不足，取得了明显效果，也有利于为以后民主监督工作的展开提供宝贵的实践经验。

由以上关于人民政协的民主监督和民主党派的民主监督的相关理论渊源和政策规定可以看出，人民政协民主监督的主体是来自人民政协的主要界别组成的政协委员，侧重于发挥人民政协这一统一战线重要组织平台的特点、优势和作用；而民主党派的民主监督主体是民主党派，侧重于从政党监督的角度发挥民主党派监督执政党的作用。两种民主监督的共同点则是：监督的客体都是国家宪法和法律法规的实施情况、大政方针的制定和贯彻执行情况以及党委依法执政及党员领导干部履行职责、为政清廉等方面的情况；监督的性质都是在坚持四项基本原则的基础上，通过提出意见、批评、建议的方式对中国共产党进行的政治监督；两种监督形式都源于中国共产党与各民主党派、无党派人士团结合作、互相监督的理论与实践。

第二节　民主监督实际运行的主要问题

从民主党派和无党派人士民主监督的历史渊源和现实的理论政策可以看出，民主党派和无党派人士的民主监督政治活动主要涉及四个方面的因素：民主监督的主体（民主党派和无党派人士）、民主监督的客体（执政党及各级政府职能部门的政治活动和履职行为）、民主监督的环境（民主监督活动所处的政治系统外部环境和具体监督行为的内部环境）、民主监督的体制机制（民主监督职能得以展开推动的具体程序环节）。完善民主党派和无党派人士的民主监督机制也必须从这四个方面着手进行。

一、民主党派民主监督的政策规定

1956 年，毛泽东提出了“长期共存，互相监督”的多党合作的基本方针。1989 年，中共中央 14 号文件明确了民主党派参政和监督的职责。我国的多党合作和民主党派的职能逐步制度化、规范化和程序化。随着 20 世纪八九十年代人民政协政治协商、参政议政和民主监督职能的进一步明确和具体化，关于民主党派的民主监督职能也逐步完善。包括民主党派民主监督的性质、内容和形式都有了具体的政策规定。

关于民主监督的性质：民主党派和无党派人士的民主监督是指在坚持四项基本原则的基础上，通过提出意见、批评、建议的方式对中国共产党进行的政治监督。[①] 2015 年，中共中央颁发的《中国共产党统一战线工作条例（试行）》沿用了同样的表述。

关于民主监督的内容和形式：2005 年，中央颁发的《中共中央关于进一步加强中国共产党领导的多党合作和政治协商制度的意见》中明确了民主党派民主监督的三个方面内容，即：“国家宪法和法律法规的实施情况；中国共产党和政府重要方针政策的制定和贯彻执行情况；党委依法执政及党员领导干部履行职责、

① 中共中央文献研究室编：《十六大以来重要文献选编》（中），中央文献出版社 2006 年版，第 679 页。

为政清廉方面的情况”,① 并提出了民主党派民主监督的六种主要形式，即：“在政治协商中提出意见；在深入调查研究的基础上，向党委及其职能部门提出书面意见；人大及其常委会和各专门委员会在组织有关问题的调查研究时，可邀请民主党派成员和无党派人士参加；通过在政协大会发言和提出提案、在视察调研中提出意见或其他形式提出批评和建议；参加有关方面组织的重大问题调查和专项考察等活动；应邀担任司法机关和政府部门的特约人员等。”②

2020 年中共中央颁发的《中国共产党统一战线工作条例》，提出要“支持民主党派和无党派人士在坚持四项基本原则的基础上，在政治协商、调研考察，参与党和国家有关重大方针政策、决策部署执行和实施情况的监督检查，受党委委托就有关重大问题进行专项监督等工作中，通过提出意见、批评、建议等方式，对中国共产党进行民主监督”。③

二、民主监督的影响因素

民主监督在我国社会主义协商民主制度建设中具有不可或缺的地位。近年来，中国共产党在推动民主监督方面采取了许多积极有效的重要举措：包括加强统一战线的领导和体制机制建设；颁发了《中国共产党统一战线工作条例》；颁发了《关于加强和改进人民政协民主监督工作的意见》；创新工作形式，邀请民主党派参与扶贫攻坚专项民主监督工作等，积极探索发

---

① 中共中央文献研究室编：《十六大以来重要文献选编》（中），中央文献出版社 2006 年版，第 679 页。

② 同①，第 679 页。

③ 《中国共产党统一战线工作条例》，人民出版社 2021 年版，第 14 页。

挥民主党派和无党派人士民主监督的有效形式和工作实践。但总的来看，在实践中还存在着进一步发挥民主党派和无党派人士民主监督功能的空间，民主监督的总体社会评价与我国多党合作制度的功能设计尚有一定差距，民主监督的体制机制有待完善，民主监督功能的实效有待提高。

民主监督的主要影响因素有：

第一，民主监督的主客体因素。

民主监督的行为主体是民主党派和无党派人士。从监督的主客体来看：作为监督主体的民主党派组织及其成员，对自身定位不准，习惯于接受领导，没有从主动发挥民主党派的职能、完善我国政党制度、推动社会主义民主政治发展进步的高度，深刻认识民主监督的历史使命及其复杂性、艰巨性，存在监督意识不强，监督的自觉性、主动性、积极性不足的问题，还存在相当的错误认识。

比较有代表性的观点一是“民主监督无用论”。该论点认为具有法律约束力的监督形式已经不少，民主监督既然是一种提意见、作批评的政治监督，且不具有法律效力，所以无足轻重、可有可无。二是“民主监督万能论”。此观点认为民主监督要解决一切问题，能解决一切问题，把政府的各种决策失误、各种社会问题以及公职人员的贪污腐败和渎职行为都视为民主监督不力造成的，认为民主监督包管一切，而忽视了民主监督作为政治监督的特殊性，同时也忘记了国家的其他监督部门。这也是统战成员对民主监督的“政治性监督”认识不清楚造成的。三是民主监督权力化、法律化。该论点认为民主监督成效不彰是因为民主党派和无党派进行监督的时候没有法律和权力为支撑，监督缺乏力度，没有效果。这种观点也是因为对民主监督作为政治监督的特殊性认识不清，混淆了民主监督与司法监督和人大权力监督的区别。

作为监督客体，虽然监督的内容指向是比较抽象的宪法、法律法规、大政方针的贯彻执行情况，但这些监督客体的背后就是具体决策和执行的执政党各级政府及其职能部门的负责人。作为被监督的对象，一些党政主要负责人特别是有些地方和基层干部对民主监督也存在相当模糊的认识，认为受监督就是对其不信任、找碴儿。

第二，民主监督的制度化、规范化、程序化建设相对滞后。

民主监督体制机制不健全也是造成民主监督难以展开的重要因素。民主监督的体制机制相对落后主要表现在：一是民主监督虽有制度规定，但制度不够完善、不够规范，程序化不够，操作起来有困难。对民主监督主体的权利、义务、责任、作用，民主监督实施的渠道、途径、方式和方法，民主监督的保障措施等规定得还不够具体。二是目前的政策规定还不能“做到经常性监督与重大问题监督相结合”，不能做到多种监督形式相结合。不能通过多层次多渠道的民主监督相互配合，使民主监督落到实处，使民主监督的意见有回音、问题有交代、事情有着落。三是作为民主监督创新形式的特约人员和对口联系工作没有规范的运作程序，各地虽然在聘请特约人员监督的形式和类型中多有扩大，但是流于形式的多，真正能发挥作用的较少。

第三，民主监督的实效难以保证。

民主监督的实效是检验民主监督制度建设成效以及民主监督相关方针政策落实情况的最终尺度，一切关于民主监督制度建设和方针政策的贯彻落实，最终目的都是增强民主监督的实效性。目前民主监督效果方面存在的问题：一是监督的内容和层次达不到现代政党制度的审视标准，事务监督多，政务监督、决策监督少。二是监督的主体与客体的信息不对称，民主党派知情渠道有限，政治信息流动不畅。知情是监督的前提，参与是监督的基础。监督者掌握的监督信息与监督所需要的信息不对称，难以达到监督的目的和要求。目前“知情难”是民主党派履行监督职能最现实的困难。三是民主党派的民主监督存在不确定性、可伸缩性和很大的随意性。四是信息技术的发展，互联网的兴起，使网络监督、媒体监督成为监督的重要工具，为政党监督方式提供了新的形式和方法；但是目前民主监督仍然停留在仅靠被监督者的自律和觉悟、监督者的自觉和努力的层面。上述现象提示我们，在民主监督中，要达到“知与行”相统一还有很大的空间，还有很长的路要走。

第三节　健全与完善民主监督机制

民主党派和无党派人士的民主监督是中国政党制度的必然要求，是社会主义协商民主的重要内容，也是社会主义政治文明的重要组成部分。但是民主监督能否落到实处，取决于健全和完善的民主监督体制、机制。依据我国监督体系的架构和我国政党制度中民主党派的功能和定位，当前民主党派民主监督机制的健全和完善需要从三个方面进行：一是要发挥好我国政党制度行为主体的功能，为民主监督创造有利的制度环境；二是要在多党合作制度框架下积极创建有效的民主监督渠道和形式，健全民主监督机制；三是要积极发挥人民政协的民主监督职能和监督平台作用。

一、制度运行的关键因素：体制、机制和程序

政党制度是国家法律规定或实际生活形成的政党的社会地位和作用，特别是政党执掌、参与或影响国家政权的具体体制和运行机制，包括与其他政党的相互关系制度。一个国家的政党制度是由该国特定的社会历史条件和现实条件决定的，它取决于国内各阶级、阶层和集团之间力量的对比以及各政党的状况；同国家政权的组织形式以及各国的选举制度密切相关。我国的政党制度是中国共产党领导的多党合作和政治协商制度，这一政党制度有其特定的制度内涵、结构和制度规定。多党合作制度下的民主监督也需要在这一制度框架的支撑下完善和发展。

制度在民主监督中的作用是决定性的。没有制度作保障，民主监督就会随着监督主体主观随意性而弱化甚至消失。多党合作中的互相监督对于执政的中共而言，是对各民主党派进行政治领导性监督；对民主党派而言，是在我国社会主义政党体制内，在团结合作的政党关系基础上，通过民主的方式对执政党所实行的一种政治监督，是在我国特色政党制度下形成的一种中国特色的监督机制。它决定了民主监督是在我国政党合作的基础上参政党对执政党和政府实行的一种政治监督。这种政治监督既不同于司

法监督、行政监督和党内纪律监督等权力监督，也不同于舆论监督等其他社会监督方式。要使民主监督避免流于形式，真正发挥作用，使民主监督落到实处，必须有一系列的制度组成的监督制度体系作为基础。

除制度规范外，构成制度体系的具体程序和使制度得以有效运转的运行机制也是至关重要的。

程序（Program）是计算机科学的一个核心词汇，是为实现特定目标或解决特定问题而用计算机语言编写的命令序列的集合，以后引申成为进行某活动或过程所规定的途径。管理界有句名言：细节决定成败。程序是管理方式的一种，是能够发挥出协调高效作用的工具。任何单位任何事情，首先强调的就是程序，因为程序就是整治细节最好的工具。德国思想家哈贝马斯也作过一个形象的比喻：民主就像个陀螺，重要的是旋转的过程。法治观念就是使法律的应用机制这个陀螺旋转起来。离开这个旋转过程，民主政治这个陀螺就会倒下。这里，我们也可以说，民主监督是一个陀螺，重要的是监督的程序问题，离开了具体的具有可以操作性的程序环节，民主监督就无法落实。

何谓“机制”，根据《辞海》的解释，“机制”原指机器的构造和运作原理，借指事物的内在工作方式，包括有关组成部分的相互关系以及各种变化的相互联系。在既有的制度框架下，由具体的程序环节组成的制度因素相互作用、相互配合、相互影响就构成了制度运行的机制。也就是说，在多党合作的制度框架下，能够使民主监督得以实现进而发挥有效作用的一个个具体的程序环节彼此呼应、相互作用、相互影响就构成了民主监督的机制。

所以，完善民主监督机制，除了要考虑到宏观的制度环境因素，在制度系统内，程序和机制至关重要。中共中央也十分重视民主监督的体制机制问题。早在2005年中共中央颁发的相关文件就明确指出：“（中共各级）党委要切实完善民主监督机制，自觉接受监督。要在知情环节、沟通环节、反馈环节上建立健全制度，及时通报重要情况和重大问题，畅通民主监督的渠道；对民主党派提出的批评意见要认真研究，及时反馈。党委及其领导干部要真诚接受民主党派的监督，鼓励和支持民主党派做到知无不言、言无不尽，并勇于坚持正确的意见，做中国共产党的诤友；要保护民主党派和无党派人士民主监督的正当权利。”①

简单来说，所谓的民主监督机制就是能够让民主党派民主监督功能运转起来，并发挥较好作用的一系列程序环节及保障措施。所以，党的领导、良好的政治社会环境以及严谨精巧的程序设计是完善民主监督机制的重要内容。

二、坚持党的领导，营造良好的监督环境

我国的多党合作制度的一个首要前提和根本保障就是必须坚持党的领导。在多党合作的制度框架下，发挥民主党派的民主监督职能也同样必须坚持党的领导。执政党和民主监督机制是影响民主监督成效最重要的两个因素，调查问卷显示近一半（48%）的人员认为民主监督关键在执政党。

---

① 中共中央文献研究室编：《十六大以来重要文献选编》（中），中央文献出版社2006年版，第680页。

首先，坚持党的领导是保证民主监督正确政治方向的前提。在中国政党制度下，中国共产党是执政党，是多党合作制度的重要行为主体之一，也是民主党派民主监督的主要政治活动行为主体。坚持党的领导，才能保证民主监督作为政治监督的性质，不会偏离正确的方向和轨道，形成与其他监督形式相互配合协调的较为完善的中国监督体系。坚持党的领导涉及民主监督的主观认识和效果评价问题。民主监督万能论，民主监督无用论，民主监督权力化、法律化等错误认识都是没有正确理解党的领导在我国多党合作制度和民主监督过程中的重要作用造成的。不能正确理解坚持党的领导这一重要原则，在完善民主监督体制机制方面就会出现思路跑偏，甚至方向错误，对民主监督的地位和效果的评价也会大相径庭。

其次，坚持党的领导才能从源头上理顺和完善民主监督的体制机制。没有中国共产党的领导、支持和配合，民主监督就无从谈起。民主监督长期以来难以取得实效的一个主要原因就是体制机制没有建立健全，监督职能无法履行。由于大统战的格局没有真正建立起来，所以这种条块分割的体制很难将民主监督推动起来。

2015 年颁布的《中国共产党统一战线工作条例（试行）》明确指出："各地区各部门各单位党委（党组）主要负责人为统一战线工作第一责任人"，并要求"把统一战线工作作为对党委领导班子和领导干部考核的内容"。这样的规定为大统战格局的建立，为民主监督的推动提供了有力的制度保障。所以，只有坚持党的领导，才能从根本上保障民主监督工作的向前推动和顺利进行。

最后，坚持党的领导才能营造良好的监督环境。民主监督是在一定的环境中进行的政治活动，良好的政治和社会环境对于民主监督的实际效果，对于民主监督行为主体、客体和体制机制的塑造都具有积极的影响和推动作用。

民主监督的外部环境是民主监督顺利展开的前提。民主监督的外部环境可以分为政治环境和社会环境两个方面。近些年来，中共中央一直坚持不懈地推进民主监督工作的健康发展，营造良好的监督环境和监督氛围。《中国共产党领导的多党合作和政治协商制度的意见》明确了中国共产党领导的多党合作和政治协商制度是我国的一项基本政治制度，并把参政和监督作为民主党派的两项基本政治职能，为民主监督的顺利展开奠定了制度基础。2005 年《中共中央关于进一步加强中国共产党领导的多党合作和政治协商制度建设的意见》明确了民主监督的性质、内容和主要形式，并强调重视民主监督的体制机制建设问题。2017 年中央又出台了《关于加强和改进人民政协民主监督工作的意见》，为政协的民主监督提供了更具体、更详细的指导意见。包括与之相关的中央颁发的协商民主等一系列文件和相关政策的实施，从整体上营造了良好的民主监督的政治环境。

社会环境也是民主监督发挥作用的重要影响因素。当前由于种种原因，舆论传媒关于中国政党制度、民主党派和党外人士的新闻相对比较单一和匮乏。特别是主流媒体对民主党派报道少、声音小，影响了人们对民主党派和中国政党制度的认知，自然也影响了社会各界对民主党派发挥参政议政、民主监督作用的认识。民主监督如果没有一个良好、有利的环境条件和氛围，参政党的监督功能和影响就会被削弱，民主党派组织就会被边缘化，逐渐脱离人们的视野，从而使人们对多党合作的长期存在和多党合作制度重要性和必要性的认识产生怀疑，使多党合作制度失去长期存在和充分发挥其应有作用的政治环境。所以，民主监督的效果如何不仅取决于参政党民主监督功能实现的程度，更重要的取决于执政党的重视程度。执政党不仅要重视民主监督，还要努力提高全社会对民主监督的认识，为民主监督营造畅所欲言的良好氛围并自觉主动接受民主监督。

三、完善民主监督的体制、机制和程序

民主监督作为“自下而上”的非权力性监督，主要是通过提出建议和批评协助党和国家机关改进工作，提高工作效率，克服官僚主义。它不具有法律的约束力和纪律的强制性，其意义和作用往往不容易被人们所理解。所以，健全和完善民主监督机制，保证民主监督能够真正落到实处发挥作用具有十分重要的意义。

完善的民主监督的保障机制取决于民主监督制度的程序化。程序是制度落实的关键环节，完善的程序让制度有了可操作性，有了生命力。党的十六大报告早就强调：“要着重加强制度建设，实现社会主义民主政治的制度化、规范化和程序化。”制度建设既要有原则性和指导性的规定，也要注重可操作性的配套规定，否则，制度再好，也难以落实。制度化内涵有程序化、规范化的要求，程序化对制度化、规范化具有独立的功能，而规范化是制度化、程序化的目标和外在表现形式。民主监督是一种程序性监督，表现为监督行为的运作应当按照预先设置的步骤、顺序和方

式进行。没有程序的规定，再好的监督制度都无法真正实现。当前，完善民主监督的程序和保障机制需要从以下四个方面入手。

第一，明确民主监督的重点。民主监督要明确重点监督目标，即民主监督的主要内容。2005 年《中共中央关于进一步加强中国共产党领导的多党合作和政治协商制度建设的意见》明确指出："民主党派民主监督的内容主要是：国家宪法和法律法规的实施情况；中国共产党和政府重要方针政策的制定和贯彻执行情况；党委依法执政及党员领导干部履行职责、为政清廉等方面的情况。" 2016 年 1 月 30 日，习近平总书记在同各民主党派中央、全国工商联负责人和无党派人士代表共迎新春时指出，要完善民主监督，加强对重大改革举措、重要政策贯彻执行情况和"十三五"时期重要约束性指标等的监督，促进相关工作。中共中央颁布的《中共中央关于进一步加强中国共产党领导的多党合作制和政治协商制度的意见》和 2016 年习近平总书记的讲话明确了今后一段时间内民主监督的重要目标，这有助于民主党派和无党派人士集中力量确定监督工作的任务，也有助于民主监督在重大专项工作领域取得明显成效。①

第二，保障监督主体的知情权。做好民主监督重要的环节就是知情权。民主监督中的信息公开就要在知情环节、沟通环节、反馈环节上建立健全制度，及时通报重要情况和重大问题，畅通民主监督的信息渠道。每个环节如何落到实处，都要有清楚的程序规定，以此保证参政党能够得享为民主监督所必要的信息资

① 2016 年，在中共中央的推动下，民主党派中央参与对中西部八个省份扶贫攻坚的专项监督，取得较好效果。

讯。保障监督主体的知情权一方面可以从政务公开入手完善机制，一些不宜大范围公开的信息可以通过政党沟通机制进行信息交流；另一方面要尽量为民主党派的调研工作提供制度保障，特别是党委、政府、政协委托民主党派组织的专项调研要建立保障机制，保障民主党派通过调研获得信息的渠道畅通。

第三，监督行为方式和监督内容要制度化、规范化、程序化。建议建立党委政府和民主党派、无党派人士的常态化协商监督机制，特别就经济社会发展的重大决策，国家宏观经济社会政策的贯彻执行和党委、政府、政协委托的专项监督等方面进行有效协商监督。特别是这种协商监督要贯穿于政策全过程，即政策的制定、政策的实施、政策的调整与完善和政策的反馈与终结。这样一个政策过程的监督有利于增强政策的合法性和科学性，减少和防止因决策失误和不良后果造成重大损失的出现。

对于多年来推行的特约人员制度要进一步完善制度建设，拓宽政府部门和司法机关聘任特约人员的领域，明确特约人员的职责和权利，切实发挥他们的作用。对民主党派提出的批评意见要认真研究，及时反馈。党委及其领导干部要真诚接受民主党派的监督，鼓励和支持民主党派做到知无不言、言无不尽，并勇于坚持正确的意见，做中国共产党的诤友；要保护民主党派和无党派人士民主监督的正当权利。

第四，积极发挥人民政协的民主监督职能和监督平台作用。人民政协是中国人民爱国统一战线的组织，是中国共产党领导的多党合作和政治协商的重要机构，是我国政治生活中发扬社会主义民主的重要形式。《中国人民政治协商会议章程》第一章第二条明确规定：中国人民政治协商会议全国委员会和地方委员会的主要职能是政治协商、民主监督、参政议政；民主监督是对国家宪法、法律和法规的实施，重大方针政策的贯彻执行，国家机关及其工作人员的工作，通过建议和批评进行监督。这就为参政党的民主监督提供了合法性依据。2006 年《中共中央关于加强人民政协工作的意见》明确了人民政协的民主监督是政治监督，要求各级党委和政府自觉接受民主监督，要完善机制，在知情环节、沟通环节、反馈环节上建立健全制度，畅通渠道，提高民主监督的质量和成效。该《意见》指出：人民政协的民主监督是我国社会主义监督体系的重要组成部分，是在坚持四项基本原则的基础上通过提出意见、批评、建议的方式进行的政治监督。它是参加人民政协的各党派团体和各族各界人士通过政协组织对国家机关及其工作人员的工作进行的监督，也是中国共产党在政协中与各民主党派和无党派人士之间进行的互相监督。

为了加强人民政协的民主监督工作，中共中央办公厅发布的《关于加强和改进人民政协民主监督工作的意见》明确了人民政协民主监督的性质、主要内容、监督形式和工作程序，为推动人民政协的民主监督提供了有力的制度保障。人民政协的民主监督是我国社会主义监督体系的重要组成部分，也是中国共产党在政协中与各民主党派和无党派人士之间进行的互相监督。政协的民主监督功能源自政党制度的监督功能，也是民主党派发挥监督职责的重要平台。因此，人民政协在民主监督中是不可缺少的重要平台。

尽管民主党派参与政协的活动不突出党派身份，但这并不妨碍民主监督作用的发挥。尽管政协的民主监督与民主党派的民主监督有所区别，但仍具有相当重合性和一致性。人民政协为民主党派和无党派人士民主监督提供了很好的监督平台，政协专委会的工作职能为民主党派在专业领域的民主监督提供了专业信息和专职分工保障，而且人民政协专委会中民主党派和无党派担任领导更有助于发挥民主党派的民主监督职能，所以人民政协这个监督平台一定要充分利用起来。

第五，加强自身建设，提高民主监督水平和能力。打铁还需自身硬。包括民主监督职能在内，民主党派三种基本职能发挥的好坏，固然有体制机制和环境因素，但归根到底是要靠自身的能力和素质。当前执政党在推动民主监督方面千方百计，不遗余力。但民主监督成效如何，在既有的体制和框架下，在既定的环境中，主要就看民主党派和无党派人士自身的水平和能力。不敢监督、不会监督都是民主党派自身的问题和原因。所以，如何做好执政党的诤友和挚友，民主党派就要在加强五种能力的基础上提高自身素质和水平，把民主监督职能发挥好。

第七章　社会主义协商民主与政党协商

民主是现代国家治理的重要特征。民主的本质要求人民直接参与国家管理。但由于种种条件所限，世界上许多国家在民主实践中采用的是代议制形式。代议制在很大程度上排斥了民众直接的政治参与，产生了许多问题，在实践中也背离了民主的价值。协商民主理论在西方的兴起就是基于这样的现实。

社会主义协商民主不仅是中国民主实践的独特优势，也弥补了选举民主的不足。2012 年党的十八大首次提出了“健全社会主义协商民主制度”；十八届三中全会继而提出：“协商民主是我国社会主义民主政治的特有形式和独特优势，是党的群众路线在政治领域的重要体现”，并在此基础上确立“社会主义协商民主”的概念，进而对“健全社会主义协商民主制度”进行规划和部署。2015 年中共中央颁发的《中国共产党统一战线工作条例（试行）》明确了民主党派一项新的政治职能——参加中国共产党领导的政治协商。所以，民主党派与中国共产党的政党协商，作为社会主义协商民主的一项重要内容，不仅是中国新型政党制度独特的民主形式和实践，也是民主党派参与国家现代治理的重要内容。

第一节 民主的理论与实践

民主的英文是 democracy，也可以简单地表述为人民的统治。联系到民主的本意，就是“什么是人民的统治，怎样实现人民的统治”这个十分简单的问题。林肯在葛底斯堡演说中将民主解释为一种民治、民有、民享的政府形式。我们强调人民民主是社会主义的生命，社会主义民主以人民当家作主为根本。尽管“民主”一词的含义很简单，但“统治”和“人民”这两个术语却一直都有着各种明显不同的解释方式。“统治”如何去实现，“人民”又在不同的时空里如何被界定清楚，这些问题直到现在仍旧在争论中。

一、民主的价值内涵及其运行实践

民主是当今人们使用频率很高的政治学术语，但也是最易引起诸多歧义和争论的概念。民主是一种国家制度，在一定的阶级范围内，按照平等和少数服从多数原则来共同管理国家事务的国家制度。民主的研究自古代希腊、罗马开始至今，可谓经久不衰。最早从古代的亚里士多德、柏拉图到近代的约翰·密尔和卢梭，再到当代熊皮特和罗伯特·达尔等，研究者众多，不可胜数。形形色色的理论鱼龙混杂，让人眼花缭乱。

（一）众说纷纭的民主理论

民主及其理论是政治学中一个历史悠久，而且始终充满无数争议的研究的专门领域。民主这一词汇，古今含义截然不同。

古汉语中，“民主”是“民之主宰”“万民之主”的意思。这个“民之主宰”既包括万民之上的皇帝，也包括官僚系统的各层级官员。如《尚书·多方》里有：“天惟时求民主，乃大降显休命于成汤，刑殄有夏。”《尚书·仲虺之诰》里有：“惟天生民有欲，无主乃乱。”《左传·文公十七年》记载：“齐君之语偷。臧文仲有言曰：‘民主偷必死。’”《文选·班固〈典引〉》中有“肇命民主，五德初始”，这里的民主就是天子的意思。《资治通鉴·晋惠帝太安二年》中也有此用法：“昌遂据江夏，造妖言云：‘当有圣人出为民主。’”

现代政治学中的民主，英语为 democracy，则是一个标准的西方词汇。这个词的意义是由希腊词汇 demos（民）和 kratia（统治或权威）派生出来的，可以简单地理解为“人民的统治，即民治”。

但当我们真正追溯到民主的本源，挖掘民主的本义及其要素的时候，就要解决“什么是人民，人民怎样实现统治”这两个看似十分简单的问题。但“统治”和“人民”这两个术语却一直都有着各种明显不同的解释方式。“统治”如何去实现，以何种名义，何种形式，在何种条件和约束下进行；“人民”又在不同的时空里如何被界定清楚，这些问题直到现在仍旧在争论中。所以，《布莱克维尔政治学百科全书（修订版）》中的词条民主（Democracy，思想卷）认为，民主这个概念的解释主要涉及以下 5 个问题。

第一，“由谁统治？这是各种有关人性和公民资格的理论中的一个函数。”

第二，“在什么限度和范围内统治？这涉及政府的权力是有限的还是无限（极权统治）的问题以及民主统治的适当范围的问题。”

第三，“以何种目的为名？这表明了个人与社会的冲突，或者更为一般地讲，表现了自由（个人权利）与平等（社会正义）的冲突。”

第四，“采取直接手段还是间接手段？就是说采取直接的人民统治，还是通过代议制？这对‘精英—民众’的关系理论产生了什么影响？”

第五，“在何种条件和约束下进行统治？这其中包含了民主的社会经济和文化条件的问题；这还包括（但不限于）社会阶级结构的问题。”①

由此可见，民主的概念涉及统治者如何确认、统治的方式、统治的限度和范围、统治过程中个人与社会的关系以及建立统治相关影响因素和条件。据此，引发出公民资格理论、政府及其限度理论、个人自由及其公民社会理论、社会契约理论、人民主权理论、精英—民众理论和民主实现条件等相关理论问题。所以，围绕民主的概念及其实现形式引发的争论和思考形成了包罗万象的民主理论。

抛却固有的争论，综合众多学者的见解，民主理论基本可以分为两大类，“一类是经验性民主理论，另外一类是规范性民主

① ［英］戴维·米勒、韦农·波格丹诺（英文主编），邓正来（中文主编）：《布莱克维尔政治学百科全书（修订版）》，中国政法大学出版社 2002 年版，第 203 页。

理论”[①]。前一类民主理论着重描述既有的民主政治系统，进而解释其实际运行的根本法则；后一类民主理论着眼于批判既有的民主政治系统，从而诠释其应该遵循的运行原则。换言之，经验性民主理论只管事实，重点关注民主制度的运行及完善，而规范性民主理论则只问价值，侧重于追问民主究竟为何物。简而言之，两种民主理论分别关注两个问题：什么是民主和怎样实现民主。

（二）政治参与和参与民主

政治参与是政治发展研究中的一个重要概念和研究热点，其本义是原始的公民直接参与决策的一种民主制度，是民主的最初形态，是民主价值和民主形式的高度统一。现代的民主理论和民主实践都一再表明，政治参与依然是衡量民主政治的重要尺度。

政治参与自 20 世纪 60 年代首次纳入学者们的视野后，被越来越多的人所关注。对其概念可谓是众说纷纭，莫衷一是。有观点认为“政治参与是参与制定，通过或贯彻公共政策的行动”。[②]也有学者认为“政治参与是指社会成员在选择统治者，直接或间接地在形成公共政策过程中所分享的那些自愿活动”。[③] 塞缪尔·P. 亨廷顿等学者认为：政治参与“是指平民试图影响政府决策的

---

① 郭秋永著：《当代三大民主理论》，新星出版社 2006 年版，第 1 页。

② ［英］戴维·米勒、韦农·波格丹诺（英文主编），邓正来（中文主编）：《布莱克维尔政治学百科全书（修订版）》，中国政法大学出版社 2002 年版，第 609 页。

③ 李铁映主编：《中国人文社会科学前沿报告》（2001 年卷），社会科学文献出版社 2003 年版，第 358 页。

活动"[①]。我国学者有的认为政治参与"是指社会成员按照一定的法律程序参与政治生活的政治行为"[②]；也有的认为政治参与是"公民自愿地通过各种合法方式参与政治生活的行为"[③]。总之，根据对政治参与的不同理解和认识，政治参与可以划分为广义和狭义两种。广义的政治参与就是指影响或试图影响公益分配的行为；狭义的政治参与认为这种参与所涉及的是普通公民直接地、或多或少意欲影响政府人事的选择以及（或者）他们所采取的行动而做的法律行为。本文所谈的政治参与主要是指广义上的政治参与。

古代雅典的直接参与民主是建立在公民大会直接表决、全体参与的基础上的，这种公民直接参与表决方式的民主得到许多人的赞同，被认为是既符合理性主义又服从经验主义的原则。这种直接参与的民主对后人影响至深，被视为原始民主的典范。"可以说从古典时代到 17 世纪人们思考'民主'的时候基本上只是把它同公民在议会和公共会议场所的集会相联系，就像雅典的城邦那样。"[④] 所以，政治参与就其本义来说是古代原始民主价值的体现，也是一种最直接的表现形式。

---

① ［美］塞缪尔·P. 亨廷顿、琼·纳尔逊著：《难以抉择——发展中国家的政治参与》，汪晓涛、吴志华、项继权译，华夏出版社 1989 年版，第 3 页。

② 中国社会科学院世界经济与政治研究所编：《当代世界政治实用百科全书》，中国社会科学出版社 1993 年版，第 173 页。

③ 中国大百科全书出版社编辑部编：《中国大百科全书（政治学）》，中国大百科全书出版社 1992 年版，第 485 页。

④ ［美］卡罗尔·佩特曼著：《参与和民主理论》，陈尧译，上海人民出版社 2006 年版，第 2 页。

公民直接参与民主决策是民主政治的价值体现和最原始的表现形式。但是，由于各种条件的限制和制约，近代以来的民主理论和民主实践都背离了参与民主的初衷。西方国家的民主由古希腊公民直接参与的民主形式为近代代议制民主形式所替代。发展中国家政治参与的困境主要表现为政治参与不足，或政治参与的迅速扩大同经济社会发展难以协调推进之间的矛盾。

（三）政治参与和现代民主理论的发展

古代的直接参与民主是民主政治的最原始最直接的表现形式，它对于近现代民主的分析也具有特别重要的作用。自从有了政治参与的概念，近现代所有的民主理论都可以分为两大类：即强调公民参与的民主理论和限制公民参与的民主理论。而绝大部分民主理论都把政治参与作为衡量现代民主政治的重要尺度。没有政治参与，现代民主理论就无法准确表达。

现代民主政治的进步就是公民政治参与的扩大。自古代雅典和罗马共和国之后，原始的民主政治实践在中世纪消失了很长一段时间。然而从 18 世纪以降，政治参与便是欧美政治生活中的一种十分重要的现象。近代以来的欧美民主政体的转变和建立，政党政治和普遍选举权的获得都是以政治参与为核心展开的。所以有学者指出，19 世纪以降的欧洲政治史，本质上就是一部“政治参与”之正规管道的发展史。西方的民主政治随着政治参与的扩大而进步。政治参与的扩大沿着两个方向进行：一是政治参与主体的不断增加，如随着取消财产、受教育程度、性别、宗族和宗教信仰等限制，获得选举权的公民群体不断扩大直至到公民全体；二是政治参与内容的不断扩大，如选举权和被选举权、请愿、申诉和结社等权力不断增加。总而言之，西方民主政治的发展可以说是围绕着政治参与主体和内容的不断扩大而进行的。

政治参与成为衡量政治发展的重要尺度。“当代比较政治学者在确立政治发展标准的时候存在着很多分歧，但是，不论这种分歧有多大，有一个标准却是大家公认的，那就是民主。而人们在确立民主发展标准的时候，同样存在着严重的分歧，不过也仍然存在一个比较能被人们广泛认可的指标，这就是政治体系内公民政治参与的程度和水平。人们一般认为，现代民主政治发展的过程就是政治参与不断扩大的过程。”① 日本学者蒲岛郁夫也认为：“政治发展的定义繁杂，其中共通的是政治参与的重要性。”② 政治参与的程度和水平反映了一个国家政治的现代化程度，这一点已经成为政治学研究者的共识。

著名学者亨廷顿认为，政治发展就是实现政治现代化。而由传统政体转变成现代政体就要实现三个转变，即：现代政治权威的合理化、现代政治结构的分化与专业化和大众参政。他认为这三点构成了传统和现代政体的分水岭。而其中“区分现代化国家和传统国家，最重要的标志乃是人民通过大规模的政治组合参与政治并受到政治影响”③。以研究多元民主理论而闻名的美国学者罗伯特·达尔则更是把政治参与（包容性）和政治竞争（自由）

---

① 程同顺编著：《当代比较政治学理论》，南开大学出版社2001年版，第56页。

② ［日］蒲岛郁夫著：《政治参与》，解莉莉译，经济日报出版社1989年版，第41页。

③ ［美］塞缪尔·P. 亨廷顿著：《变化社会中的政治秩序》，王冠华、刘为等译，生活·读书·新知三联书店1989年版，第34页。

作为衡量多元（民主）政体的两个标准。[①] 达尔认为，对于政治发展的理想结果——民主政体（即他所谓的多元政体）来说，参与和竞争两者兼而备之，同等重要。这些论述都清楚地表明，政治参与已经成为学者们衡量政治发展的最重要的尺度之一。

公民的政治参与有力地推动了现代民主政治的发展。作为公民实现政治权利的主要途径，在民主政治发展过程中，政治参与发展和扩大有利于民主政治的发展向更高层次推进；有利于政治体系的权力基础和决策资源提取范围的扩大；有利于建立健全政治参与机制，增强政治体系的整合功能；有利于畅通利益表达渠道，保持政治稳定。

二、民主实践的困境与矛盾

政治参与是古典民主的价值体现和唯一的表现形式，也是现代民主的核心内容和重要的价值尺度。但是，政治参与不能等同于民主。我们不能否认，直接地参与民主是古代雅典民主的主要形式，也是民主的最本质的形态，我们同样无法否认，这种直接地参与民主在现代民族国家中的实践几乎是不可能的。

（一）参与民主自身的困境

时至今日，什么是民主已经是一个形而上的问题了，民主的价值问题已经能够取得多数人的共识。无论中外各国，大都承认民主是一种国家制度，是一种合理有效的使用国家权力的制度。但怎样实现民主，以及民主的实践发展，却因为各种历史传统、

---

① ［美］罗伯特·达尔著：《多头政体——参与和反对》，谭君久、刘惠荣译，商务印书馆2003年版，第18页。

政治文化和现实的社会环境不同而千差万别。迄今为止，人类在民主实践的探索过程中，围绕民主的实现，创造出来各种民主形式。如果单纯从公民民主制度的关系角度考虑，古今中外，所有的民主实践形式、民主制度都可以分为公民直接参与的民主和公民间接参与的民主。

直接民主以古代的雅典最具代表性。古代雅典的直接参与民主是建立在公民大会直接表决、全体参与的基础上的，这种公民直接参与表决方式的民主得到许多人的赞同，被认为是既符合理性主义又服从经验主义的原则。这种直接参与的民主对后人影响至深，被视为原始民主的典范。“可以说从古典时代到 17 世纪人们思考‘民主’的时候基本上只是把它同公民在议会和公共会议场所的集会相联系，就像雅典的城邦那样。”①

雅典的参与民主在古代就褒贬不一，毁誉参半。赞成这种观点的人把它树为民主制的楷模，认为它使自由成为可能；而它的批评者声称它在本质上是腐败的，这种自由即使对那些被认为是受惠于此的人也将会产生破坏作用。

首先，雅典的民主并非真正如一些学者所言，体现了民主的本质。伯里克利（Pericles）改革时期雅典城邦拥有居民 31 万人，而拥有公民权的人口只有 4 万人（12.9%），绝大部分人没有资格参加公民大会，更不用说拥有选举权了。

其次，对政治参与持谨慎态度的观点认为，雅典的直接参与民主形式的局限性太大，它只适合于小规模的城邦国家，雅典城

---

① ［美］卡罗尔·佩特曼著：《参与和民主理论》，陈尧译，上海人民出版社 2006 年版，第 2 页。

邦本来就不是古代国家的常态，而在领土和人口数量巨大的现代民族国家中，这种民主制在技术上是不可行的。所以麦迪逊赞成代议制，反对直接民主制。他认为“共和政体，（我是）指采用代议制的政体而言，情形就不同了，它能保证我们正在寻求的矫正工作……民主政体和共和政体的两大区别是，第一，后者的政府委托给由其余公民选举出来的少数公民；第二，后者所能管辖的公民人数较多，国土范围也较大”①。

最后，这种直接参与民主制度导致的后果也并非乐观。古希腊哲学家和历史学家对雅典的民主制评价不高。柏拉图在《理想国》中表达了其最理想的政府形式是君主制——哲学王的统治，显然雅典的民主制不是其属意的政府管理形式。② 亚里士多德在其《政治学》里将国家政体分成了正常和反常共6种形式。民主制与寡头制和僭主制赫然并列一起，被他视为反常的政体形式。亚里士多德倡导建立“君主、贵族和民主人士共同组成的混合政府形式，把民主说成是贫民和无知的人的统治，并说这将会导致无政府状态，其结果是出现暴政”③。

到了近代，人们对于直接参与民主的认识依然处于一种消极状态。一些美利坚的创建者们把民主政体和共和政体加以对比，认为“一种纯粹的民主政体——这里我指的是由少数公民亲自组

---

① ［美］汉密尔顿、杰伊麦迪逊著：《联邦党人文集》，程逢如译，商务印书馆2004年版，第49页。

② ［英］杰夫里·托马斯著：《政治哲学导论》，顾肃、刘雪梅译，中国人民大学出版社2006年版，第253页。

③ ［英］彼得·斯特克、大卫·韦戈尔：《政治思想导读》，舒小昀、李霞、赵勇译，江苏人民出版社2005年版，第361页。

织和管理政府的社会——不能制止派别斗争的危害……因此，这种民主政体就成了动乱和争论的图景，同个人安全或财产权是不相容的，往往由于暴亡而夭折"[①]。认为民主思想与古代雅典的民主观念一脉相承[②]的卢梭也认为，"民主是一种只适合神灵的政府形式。"[③] 在现实中恐难以真正实现。他设想公共政策的表达和采纳直接由公民亲自作出（一个他所赞成的制度），而且其执行也由公民亲自承担（一个他怀疑其明智的制度）。20 世纪早期魏玛共和国大众直接参与的民主制度实践及其后果更引发了人们对直接参与民主的疑虑。

（二）直接民主的悖论和代议制民主的实践

政治参与不但在理论上遭遇困境，而且在实践中也面临矛盾。经过资产阶级革命之后，西欧国家绝大部分建立起来的是代议制民主政体。西方在扩大公民政治参与基础之上所建立的代议制民主政体实际上是对公民直接政治参与的一种反动。这种代议制民主政体其实是有悖于民主（多数人的统治）的初衷。而其实践更是有悖于民主的本质。

代议制民主是一种间接的民主形式。它解决了直接民主面对人口众多，幅员辽阔的现代国家所面临的技术难题。但是，代议制民主在其运行的实践过程中，也有自身无法克服的难题。首

---

① ［美］汉密尔顿、杰伊麦迪逊著：《联邦党人文集》，程逢如译，商务印书馆 2004 年版，48 页。

② ［美］卡罗尔·佩特曼著：《参与和民主理论》，陈尧译，上海人民出版社 2006 年版，第 6 页。

③ ［英］杰夫里·托马斯著：《政治哲学导论》，顾肃、刘雪梅译，中国人民大学出版社 2006 版，第 255 页。

先，代议制民主政体实际上是有悖于民主（多数人的统治）的初衷，尽管投票选举有着公民广泛的参与，但选举之后的政治决策基本与普通公民无关，本质上仍属于少数精英政治。其次，就公民投票而言，西方国家政治冷漠和选举投票率的持续下降也对代议制民主的合法性提出了挑战。以民主制度标榜于世的美国，在20世纪八九十年代，其总统大选的投票率约在50%～55%，中期选举的投票率约为35%，地方性选举的投票率则在25%左右。在如此低落的投票率之下，当选票数占全体选民或人口的百分比则更低，如何能符合民主的本质要求，代表大多数人民的意愿呢?所以，西方国家二战后政治选举的投票率持续下降，公众政治参与热情普遍低下已经是一个不争的事实。换言之，西方的现代民主政体已经越来越背离广泛的公民参与这样一个民主的本质要求。

（三）发展中国家政治参与的矛盾与困境

发展中国家面临的主要是政治参与扩大与经济社会协调发展之间的矛盾问题。就政治参与和经济、社会的相互关系而言，理想的关系脉络是政治参与扩大，经济发展和社会进步同步进行，相互促进，显示了一种良性的互动关系。但是许多发展中国家则往往三者难以兼顾。

经济发展的同时选择扩大公民政治参与，照顾到平民阶层的利益要求，优先考虑社会公平和分配问题，将会引起在经济资源上占有优势地位者的强烈反对，他们吞噬经济发展带来的有限成果，从而引发激烈的政治冲突。苏加诺领导下的印度尼西亚、恩克鲁玛领导下的加纳和阿连德时期的智利都尝试过这种模式，最终归于失败。

以经济发展作为优先考虑，从而在某种程度上压制公民积极性的政治参与和利益要求，其结果必然造成分配不公，社会分化和秩序失衡，严重时会影响到社会和政治稳定，反过来可能又会引起经济衰退。1964 年至 1985 年的巴西军政府和苏加诺以后的印度尼西亚政府都选择了优先发展经济、压制公民政治参与的发展模式，结果导致了社会两极分化严重，贫富悬殊，引发长期的社会动荡。

发展中国家政治参与和经济社会发展之间的矛盾其实质反映出了公平和效率之间的矛盾。公民广泛的政治参与和利益表达是要求社会公平的反应，但是这种急剧扩大的政治参与如不加有效控制，则可能冲击既有的政治秩序和社会稳定，从而动摇经济发展的良好环境。如何有效地调解政治参与和经济社会发展的矛盾，正确处理好公平和效率问题，成为摆在发展中国家面前的普遍性难题。

三、民主政治实践的反思和启示

发达国家和发展中国家政治参与的理论和实践值得我们认真研究和借鉴。正确地认识政治参与和民主实践之间的悖论，处理好政治参与的扩大与经济社会的发展之间的关系也成为摆在我们面前的重要问题。只有处理和解决好这些问题，中国才能真正走上政治发展和经济社会协调进步的良性循环之路。

（一）正确认识政治参与和民主的关系

政治参与是政治发展的重要标志和结果。要认清政治参与和政治发展的关系，首先必须明确的一点是如何给政治参与在政治发展中一个准确的定位。政治参与既可以是政治发展的目标，也可以是政治发展的手段或途径，同时还有可能是政治发展的副产品。

作为目标的政治参与是政治发展的一项重要内容。政治参与在政治发展中占有无法替代的重要作用。“政治发展的定义繁杂，其中共通的是政治参与的重要性。”① 这是日本学者蒲岛郁夫在论述政治发展与政治参与关系时开宗明义的一句话。这句话清楚地表明，无论政治发展如何定义，其中的政治参与是必不可少的。

作为手段或者途径，政治参与是政治发展的基础和前提。以研究多元民主理论而闻名的美国学者罗伯特·达尔更是把政治参与（包容性）和政治竞争（自由）作为他推导出四种政体的两个坐标。② 达尔认为，对于政治发展的理想结果——民主（即他所谓的多元政体）政体来说，参与和竞争两者兼而备之，同等重要。

公民的政治参与有力地促进了民主政治的发展。作为公民实现政治权利的主要途径，在政治发展中的政治参与的功能和作用体现在正反两个方面。从正的方面来看：

第一，政治参与的发展和扩大有利于民主政治的发展向更高层次推进。公民广泛的政治参与有利于政策的合法性，纠正决策的失误，实现决策的科学化、民主化，政策执行中的有效支持、政策反馈的及时，将保证政策的顺利执行及对某些问题的修正。

---

① ［日］蒲岛郁夫著：《政治参与》，解莉莉译，经济日报出版社 1989 年版，第 41 页。

② ［美］罗伯特·达尔著：《多头政体——参与和反对》，谭君久、刘惠荣译，商务印书馆 2003 年版，第 18 页。

公民广泛的政治参与可以保证政治精英和政府公职人员的产生及产生之后所推行的公共政策符合“民意”的要求，保证政治体系在运作过程中不断自我修正、发展和完善。

第二，政治参与的发展和扩大有利于政治体系的权力基础和决策资源提取范围的扩大，有利于建立健全政治参与机制，增强政治体系的整合功能；也可以影响到政治文化的发展，培养公民参政意识和技能，使公民成长为最理想的具有民主意识的公民，从而促进政治生活向民主化方向发展。

第三，政治参与的发展和扩大有利于政治稳定。公民政治参与作为公民权运作的最重要体现，可以影响、制约权力运作方式和方向；公民正常参与的发展和扩大使政治系统处于相对较为开放的状态，可以为政治体系注入新鲜血液，克服政治体系转换造成的危机和动荡。政治参与的发展和扩大为公民政治利益的表达提供了体制支持，使政治输出所需要的行为前提、基础和原料得以有效补充。

当然，在一定条件下政治参与也具有反作用和功能。政治参与的反作用和功能主要体现在参与的无序和不加约束的扩大会超越现有体制的承受能力，从而冲击甚至是摧毁现有的政治体系，给政治系统带来严重的混乱，甚至造成毁灭性的灾难。所以塞缪尔·P. 亨廷顿在研究了政治制度化和政治参与的相互关系之后，对政治参与的发展和扩大持极为谨慎的态度，在无法确保政治秩序的前提下，他宁可主张政治参与落后于政治体制的发展。

尽管如此，政治参与不能等同于政治民主，政治参与的扩大也不能简单地被视为民主政治的发展。政治参与是衡量民主进步的一个特定的维度，就其本来意义，是原始直接参与民主，属经验性民主理论范畴，而现代民族国家中，这种直接参与民主几乎不可能。由此在民主实践中产生的代议制民主在世界各国得以大行其道。所以，不能把政治参与的扩大简单视为民主政治的进步，更不宜把扩大公民政治参与当作政治发展的追求目标。

（二）准确区分两种不同形式的政治参与

有益的政治参与应该是公民自觉主动的政治活动，而不应该是政党等政治组织积极动员的结果。政治参与可以有多种方式和途径。从行为主体对于政治活动的主观态度来看，可以分为动员参与和自动参与两种类型。单就政治参与的功能来看，公民的主动政治参与和动员参与对政治系统的影响和作用是绝对不同的。公民的主动参与是政治系统自我完善的过程，是环境和系统良性互动的结果，即政治系统为公民政治参与提供了制度化的参与渠道，从而，公民可以通过这些渠道去表达自己的政治意愿和政治诉求。

动员参与则是政治系统积极塑造环境的结果，是一种只有输出没有反馈的系统和环境的单向作用模式。动员参与中，政治系统未必给参与的公民提供制度化的参与渠道，每次政治运动结束后，参与的渠道便也消失了，这种参与模式不利于政治系统自身的完善和良性发展。

（三）完善已有的政治参与渠道更为稳妥有效

政治参与的扩大不能被视为民主政治的进步。政治参与的扩大和失控会引起“参与爆炸”，严重时可能冲击现有的政治秩序，从而影响到经济发展和社会稳定。因此没有完善的政治制度作为保障，不宜盲目扩大政治参与。客观地说，我国现有的制度安排已经能够为我国公民的政治参与提供较为广泛的政治参与渠道。人民代表大会制度、中国共产党领导的多党合作和政治协商制度、民族区域自治制度和基层民主自治制度的实施可以基本解决公民的利益诉求。依托现有的制度安排，完善已有的渠道比创建新的政治参与渠道更为便捷和有效。

人民政协作为我国多党合作和政治协商的重要机构，作为我国发扬社会主义民主的重要形式，作为我国普通公民政治参与的重要平台，具有无可比拟的优势和特点。人民政协秉承团结和民主两大主题，坚持把实现和维护最广大人民的根本利益作为人民政协工作的出发点和落脚点，具有显著的政治优势；人民政协是我国多党合作的重要组织机构，是我国政治体制的重要组成部分，具有明显的组织优势；人民政协是中国共产党领导的各党派、各团体、各民族、各阶层大团结大联合的组织，具有政治参与主体界别广泛性的优势；人民政协的主要职能是政治协商、民主监督、参政议政，具有政治参与目标明确的优势，从而能够保证我国公民政治参与的效能感和积极性。发挥人民政协在我国公民政治参与中的独特作用可以从以下几个方面着手：一是扩大公民政治参与的主体范围，增加社会新的阶层代表人士和社会弱势群体代表；二是保障公民政治参与的制度化，推进政治协商、民主监督、参政议政的制度化、规范化和程序化；三是增加公民政治参与的内容和范围，推动人民政协在国家政治生活中发挥更大的作用；四是加强人民政协政治参与的效能，通过立法和传媒保证人民政协政治参与的有效性和影响力。

第二节　社会主义协商民主

党的十八大报告首次提出并系统论述了健全社会主义协商民主制度，并在此基础上确立了“社会主义协商民主制度”的概念，进而对“健全社会主义协商民主制度”进行规划和部署。

一、协商民主的兴起

协商民主（Deliberative Democracy），又称审议式民主，是西方国家在20世纪八九十年代兴起的一种新的民主理论。协商民主理论的推动者正是因为不满于民主理论的现状和困境而尝试创造一种新的民主理论。

协商民主的概念在西方国家也有不同的理解，但正是因为不满代议制民主的缺陷——公民只有选举权却没有决策权；而且这种代议制民主制度下，选举的获胜者实际上并未真正获得哪怕是简单多数的公民的支持。因此，选举获胜者的政治活动的合法性被大打折扣。所以，从弥补公民直接参与（特别是参与决策）和合法性不足的需要角度出发，产生了协商民主理论。

协商民主的概念至少包括民主和协商两部分内容：“所有人都同意该观念设计集体决策，而所有将受到这一决策影响的人或者其代表都参与了该集体决策：这是其民主的部分。同样，所有人还同意该观念涉及经由争论进行的决策，这些争论既来自参与者，也面向参与者，而这些参与者具备了理性和公正这样的品德：这是协商的部分。”① 简单说，西方协商民主理论的兴起试图解决的公民政治参与数量不足（合法性）问题和公民政治参与程度不够（参与决策而不仅仅是投票）的问题，以弥补当前代议制民主制度的缺陷和不足。

二、社会主义协商民主的价值

社会主义协商民主是十八大之后我国民主实践和民主理论的重要发展，是民主理论中重要的组成部分。

（一）社会主义协商民主的概念

近年来，随着我国经济和社会的快速发展，扩大公民有序政治参与越来越成为我们党和国家政治生活中所重点关注的问题。胡锦涛在十七大报告中指出：“政治体制改革作为我国全面改革的重要组成部分，必须随着经济社会发展而不断深化，与人民政治参与积极性不断提高相适应。”② 他强调：“坚持国家一切权力属于人民，从各个层次、各个领域扩大公民有序政治参与，最广泛地动员和组织人民依法管理国家事务和社会事务、管理经济和文化事业……”③ 这表明，扩大公民有序政治参与已经成为我国政治体制改革的一个重要组成部分。

社会主义协商民主作为一种政治理念是在中共十八大正式提出来的。尽管此前我们党和国家的一些重要的政治实践，很大程

---

① ［美］约·埃尔斯特主编：《协商民主：挑战与反思》，周艳辉译，中央编译出版社 2009 年版，第 9—10 页。

② 《中国共产党第十七次全国代表大会文件汇编》，人民出版社 2007 年版，第 27 页。

③ 同②，第 28 页。

度上体现了协商民主的基本要求，但是很长一段时间里，政治协商作为中国土生土长且延续多年的政治传统，并没有引起太多学者的注意和研究。所以，协商民主的理论研究在中国处于刚刚起步阶段。

社会主义协商民主如何界定，目前没有一个统一的权威的定义。全国政协原副主席郑万通是这样表述的："社会主义协商民主是同我国人民民主专政的国体相联系，与人民代表大会制度政体相并存的一项国家民主制度；是在中国共产党领导下，通过政权机关、政协组织、党派团体、基层组织、社会组织等渠道，就经济社会发展重大问题和涉及群众切身利益的实际问题，在全社会开展广泛协商的重要民主形式；是在政治领域体现党的群众路线，拓展公民有序政治参与，推进科学民主决策，实现国家治理现代化的重要工作机制。"①

这一解释或者定义，从实践层面基本说清了社会主义协商民主的功能和实践意义，但学理性不够，理论抽象程度不够。当然，这也与我国社会主义协商民主政治实践的历史和理论研究的程度有关，不可能一蹴而就。

（二）协商民主与社会主义协商民主

协商民主英文对应的词汇是 Deliberative Democracy，按照字面意思就是"协商式民主或者审议式民主"。与汉语"协商"对应的还有一个英文词汇是 Consultative，意为"咨询的，顾问的；

---

① 郑万通：《关于社会主义协商民主的几个问题》，《中国政协理论研究》2013年第4期，第5页。

商议的，协商的”。我们的“政治协商制度”，对外翻译就是“Political consultative system”，用的是 Consultative 这个词汇。

西方的协商民主理论是在西方民主理论的历史演变和发展过程中产生的，是适应西方民主理论和民主实践的发展需要，弥补和完善现行的西方民主理论和民主制度的不足而提出的一种新民主理论。所以，西方的协商民主对应的英文是 Deliberative Democracy，旨在强调和重视民众直接参与政治过程，参与决策。

国内学界将 Deliberative Democracy 译成协商民主，不知道是一种偶合还是别有深意。但这种翻译至少有这样几个好处：第一，通过协商民主这一词汇，建立了中西方学术对话的概念工具和学术平台，中国学者可以跳出自说自话的小圈子，与国际学者沟通、交流和碰撞；第二，协商民主这一概念与中国当代民主协商的概念有某些共通之处，也能够在某种程度上反映出中国民主政治的一些方面；第三，我国提出的社会主义协商民主的概念，从 Consultative 到 Deliberative 的转变，其中暗含的意义的变化（由咨询向审议的转变）也赋予了社会主义协商民主更深的政治含义，使之有了更广泛的发展空间，有助于推动我国民主政治的进一步发展。

（三）社会主义协商民主的基本内涵

协商民主在西方尚处于理论探讨层面，在中国则已经有了 70 多年的实践。加上新民主主义时期中国共产党领导的陕甘宁边区的民主实践，则历史更久远。社会主义协商民主实践在一定程度上反映了民主的基本内涵。即尽可能多的人参与民主决策，同时也体现了社会主义民主人民当家作主的本质要求。既提供了广大人民政治参与的渠道，实现了他们的参政愿望，符合规范性民主理论的要求；又能够体现政治过程的合法性，最大限度地实现民主决策的科学化水平，合乎经验性民主理论的标准，在一定程度上丰富了民主的理论与实践。

民主理论千差万别，民主的实现形式各不相同，但民主的价值追求和基本内涵是不变的。任何一种民主理论或者民主实践都必须回答民主的这些基本内涵："由谁统治？以何种目的为名？在什么限度和范围内统治？如何保证民主实践的公平正义？民主的实现有何条件限制和约束？"

由谁统治？或者说民主的主权在谁手里？社会主义协商民主的本质是人民民主。这是民主理论研究的动力和价值所在。社会主义民主政治的发展需要尽可能多的人民大众的有序政治参与，离开了这个初衷，任何民主研究都没有意义。

在什么限度和范围内统治？社会主义协商民主要解决好国家（政府）—社会—个人的关系问题。人类历史的无数事实表明，一个绝对的不受任何限制的政府，不管是有意无意，对社会和个人自由是一个巨大的威胁。所以，限权政府或有限政府，即要求严格划定政府、社会和个人的权力边界是绝对必要的。社会主义协商民主发展过程中，政府的角色定位、权力边界必须要处理好。

人民以何种目的为名统治？民主是多数人的统治，但如何照顾到社会的整体利益？即多数人同意通过的决策如何才能避免损害少数人的利益？或者少数人的利益是否应该让位于多数人的利益？社会主义协商民主在实践中如何处理好集体利益和个人利益问题，如何处理好个人与社会的冲突问题是非常重要的。民主政治是一种理性的利益分配活动，需要的是精妙的设计和必要的妥协。一项决策不可能让所有人满意，但决策过程中的个人权利和社会正义原则要体现出来。

采取直接手段还是间接手段？实践证明，雅典式的直接民主形式是在特定的环境和条件下形成的，不可复制。代议制民主是当今世界许多国家的首选。但正是因为代议制民主有无法保证大多数公民直接参与政治决策的缺陷，才兴起了协商民主理论。社会主义协商民主与我国的人民代表大会制度、多党合作和政治协商制度相联系，也是代议制民主的一种表现形式。所以，推动社会主义协商民主广泛、多层、制度化的要求，包含了建立一种从下到上，力求包容各行各界广泛的民众参与的民主制度。社会主义协商民主制度建设的进展，一个重要的衡量标准就是这种制度对广大基层群众政治参与的包容程度。

在何种条件和约束下进行统治？这是社会主义协商民主建设的经济、文化和社会历史条件。民主的形式千差万别，民主没有一个统一的衡量标准皆源于此。这需要对每一个影响社会主义协商民主制度的因素和条件做具体的细致的分析研究。

（四）社会主义协商民主的意义

社会主义协商民主的出现，既符合民主的本义，又充分考虑到了中国的现实国情。既能够满足人民对政治参与的要求，又在一定程度上弥补了代议制民主的缺陷和不足。

社会主义民主的本质是人民当家作主。社会主义协商民主形式就是要实现人民当家作主。同西方总统和议会选举那种竞争式的民主相比，协商民主具有许多优越性。协商民主既关注决策的过程，又关注决策的结果，从而拓宽了民主的深度；协商民主既重视多数人的意见，又关注少数人的意见，从而拓宽了民主的广度。

社会主义协商民主体现了和谐共存的主旨。中华文化是一种和文化。社会和谐是我们孜孜以求的目标。这种协商民主强调的就是“求同存异”“和而不同”，不同意见进行对话协商和包容，就是对公民民主权力的尊重。通过对话协商，充分关注一切社会群体的合法利益诉求，通过协商协调，尽可能地满足和照顾社会最大群体最基本的利益和要求，避免利益分歧和矛盾冲突，借以协商民主的形式达到社会和谐稳定的目的。

社会主义协商民主，有独特的具体内涵，不同于西方的协商民主，但其运行和发展规律仍要遵循民主所包含的几个主要因素。社会主义协商民主是在中国的传统文化土壤和当前的经济社会条件下产生的，而且仍然是一种探索实践中的民主形式，仍需完善和发展。

第三节　参加中国共产党领导的政治协商

在我国推动社会主义协商民主广泛、多层、制度化的发展，统筹推进政党协商、人大协商、政府协商、政协协商、人民团体协商、基层协商以及社会组织协商过程中，政党协商具有突出重要地位。《中国共产党统一战线工作条例（试行）》明确规定，参加中国共产党领导的政治协商是民主党派的一项重要职能。政党协商不仅是社会主义协商民主的重要组成部分，而且在现代国家治理中具有重要作用。

中国共产党与民主党派的政治协商由来已久。但是，作为与“参政议政和民主监督”相并列的“参加中国共产党领导的政治协商”，是新时代中共中央明确赋予民主党派的一项新的政治职能。这是社会主义协商民主制度建设中的一项重要内容，也是民主党派参与国家治理的重要形式。

一、民主党派的政治协商职能

中共同民主党派进行政治协商，是中国共产党领导的多党合作和政治协商制度的一项重要内容。这种协商活动早在新中国成立前就开始了。新中国成立以来，随着多党合作事业的发展，中国共产党与民主党派之间的政治协商实践日益完善。

1989 年颁发的《中共中央关于坚持和完善中国共产党领导的多党合作和政治协商制度的意见》总结了新中国成立以来政治协商行之有效的经验，提出了以下几种协商形式。

“中共中央主要领导人邀请各民主党派主要领导人和无党派的代表人士举行民主协商会，就中共中央将要提出的大政方针问题进行协商。

“中共中央主要领导人根据形势需要，不定期地邀请民主党派主要领导人和无党派的代表人士举行高层次、小范围的谈心活动，就共同关心的问题自由交谈、沟通思想、征求意见。

“由中共召开民主党派、无党派人士座谈会，通报或交流重要情况，传达重要文件，听取民主党派、无党派人士提出的政策性建议或讨论某些专题。这种会议大体每两月举行一次。重大事件随时通报。有的座谈会亦可委托中共全国政协党组举行。

“除会议协商以外，各民主党派和无党派人士可就国家大政方针和现代化建设中的重大问题向中共中央提出书面的政策性建议，也可约请中共中央负责人交谈。

“上述各种协商形式，原则上也适用于中共地方党委和民主党派地方组织之间的协商活动。”①

随着我国多党合作政治实践的发展，2005 年《中共中央关于进一步加强中国共产党领导的多党合作和政治协商制度建设的意见》提出了政治协商的原则、形式和协商内容。

“坚持政治协商的原则。政治协商是中国共产党领导的多党合作和政治协商制度的重要组成部分，是实行科学民主决策的重要环节，是中国共产党提高执政能力的重要途径。把政治协商纳入决策程序，就重大问题在决策前和决策执行中进行协商，是政治协商的重要原则。

“完善中国共产党同各民主党派的政治协商。中国共产党同各民主党派政治协商，主要采取民主协商会、小范围谈心会、座谈会等形式。除会议协商外，民主党派中央可向中共中央提出书面建议。协商的内容包括：中共全国代表大会、中共中央委员会的重要文件；宪法和重要法律的修改建议；国家领导人的建议人选；关于推进改革开放的重要决定；国民经济和社会发展的中长

---

① 刘延东主编：《当代中国的民主党派》，当代中国出版社 1999 年版，第 754—755 页。

期规划；关系国家全局的一些重大问题；通报重要文件和重要情况并听取意见，以及其他需要同民主党派协商的重要问题等。要进一步完善协商的程序。中共中央根据年度工作重点，研究提出全年政治协商规划；协商的议题提前通知各民主党派和有关无党派代表人士，并提供相关材料；各民主党派应对协商议题集体研究后提出意见和建议；在协商过程中充分发扬民主，广泛听取意见，求同存异，求得共识；对民主党派和无党派人士提出的意见和建议要认真研究，并及时反馈情况。”①

十八大以来，随着我国社会主义协商民主广泛、多层、制度化发展，中国共产党与民主党派之间的政治协商更加成熟。《中国共产党统一战线工作条例（试行）》明确指出：“政党协商是中国共产党与民主党派的政治协商。”并明确把“参加中国共产党领导的政治协商”作为民主党派的三项基本职能。为保证政党协商的顺利运行，中共中央办公厅于2015年底印发了《关于加强政党协商的实施意见》，对政党协商的实施作了系统具体的规定。

二、政党协商的内容和形式

《中国共产党统一战线工作条例（试行）》规定：“政党协商主要包括下列内容：中国共产党全国和地方各级代表大会、中央和地方各级党委的有关重要文件；宪法的修改建议，有关重要法律的制定、修改建议，有关重要地方性法规的制定、修改建议；

---

① 中共中央文献研究室编：《十六大以来重要文献选编》（中），中央文献出版社2006年版，第675—676页。

人大常委会、政府、政协领导班子成员和人民法院院长、人民检察院检察长建议人选；关系统一战线和多党合作的重大问题。”

中共中央办公厅于 2015 年底印发了《关于加强政党协商的实施意见》，侧重于规范和指导中共中央与民主党派中央的高层协商，政党协商的主要内容包括：中共全国代表大会、中共中央委员会的有关重要文件；宪法的修改建议，有关重要法律的制定、修改建议；国家领导人建议人选；国民经济和社会发展的中长期规划以及年度经济社会发展情况；关系改革发展稳定等重要问题；统一战线和多党合作的重大问题；其他需要协商的重要问题。

政党协商的形式主要有会议协商、约谈协商和书面协商三种。

（一）会议协商

专题协商座谈会。由中共中央主要负责同志主持召开，就党和国家的重要方针政策、事关全局的重大问题进行协商，一般每年 4—5 次。

人事协商座谈会。由中共中央负责同志主持召开，就重要人事安排在酝酿阶段进行协商。

调研协商座谈会。由中共中央负责同志主持召开，主要就民主党派中央的重点考察调研成果及建议进行协商，邀请有关部门参加，一般每年 2 次。

其他协商座谈会。由中共中央负责同志或委托中共中央统战部主持召开，通报重要情况，听取意见、建议。

（二）约谈协商

中共中央负责同志或委托中共中央统战部，不定期邀请民主党派中央负责同志就共同关心的问题开展小范围谈心活动，沟通情况、交换意见。

民主党派中央主要负责同志可约请中共中央负责同志个别交谈，就经济社会发展以及参政党自身建设等重要问题反映情况、沟通思想。

（三）书面协商

中共中央就有关重要文件、重要事项书面征求民主党派中央的意见、建议，民主党派中央以书面形式反馈。

民主党派中央以调研报告、建议等形式直接向中共中央提出意见和建议。民主党派中央负责同志可以以个人名义向中共中央和国务院直接反映情况、提出建议。

三、政党协商的程序和机制

政党协商是社会主义协商民主的一项重要内容，也是现代国家治理中参与民主的重要政治实践。要真正让政党协商发挥作用，制度保障是关键，而其中能够使政党协商制度运转起来的程序和机制至关重要。所以，《关于加强政党协商的实施意见》对会议协商、约谈协商和书面协商程序都作了详细的规定。

（一）会议协商的程序

每年年初，中共中央办公厅会同中共中央统战部等部门，在广泛听取民主党派中央意见、建议的基础上，研究提出全年会议协商计划，确定议题、时间、参加范围等，报中共中央政治局常委会审议通过后，通报民主党派中央。

中共中央办公厅会同中共中央统战部，根据全年协商计划制定具体工作方案并组织实施。每次会前，一般提前 10 天告知民主党派中央；有关部门一般提前 5 天提供文件稿，民主党派中央负责同志集中阅读，相关部门负责同志作解读说明；民主党派中央集体研究，准备意见和建议。

会议协商中，中共中央负责同志作有关情况说明，民主党派中央主要负责同志发表意见和建议，进行交流讨论。

（二）约谈协商的程序

中共中央负责同志提出的约谈，应将相关信息提前告知有关民主党派中央主要负责同志，可根据需要由中共中央办公厅或中共中央统战部负责落实。

民主党派中央主要负责同志提出的约谈，可由中共中央统战部报中共中央，并协助中共中央办公厅落实。

（三）书面协商的程序

中共中央提出的书面沟通协商，由中共中央统战部负责落实。民主党派中央的协商意见由中共中央统战部汇总后报送中共中央。

民主党派中央或其负责同志的调研报告、建议等书面意见，可由其直接向中共中央提出。

关于政党协商的保障机制，《关于加强政党协商的实施意见》就知情明政机制、考察调研机制、工作联系机制、协商反馈机制四个方面作了具体规定，并要求各省（自治区、直辖市）、市（地、州、盟）党委要结合实际，参照上述规定对开展政党协商作出具体安排。

2012 年中共十八大首次提出了“健全社会主义协商民主制度”的要求；2013 年十八届三中全会继而提出：“协商民主是我国社会主义民主政治的特有形式和独特优势，是党的群众路线在政治领域的重要体现”[①]，并要求推进协商民主广泛、多层、制度化发展。显然，在中央的大力推动下，社会主义协商民主已经成为当代中国政治发展和理论研究的热点问题，而其概念、价值和基本内涵则是首先需要厘清的重要问题。

① 《中共中央关于全面深化改革若干重大问题的决定》，人民出版社 2003 年版，第 29 页。

第八章　加强中国特色社会主义参政党建设

中国共产党领导的多党合作和政治协商制度是我国的一项基本政治制度，是我国现代国家治理的重要制度载体，而民主党派是这一基本制度的重要行为主体。对于我国的民主党派而言，自身建设是一个政党存续和未来发展的重要基础；对于中国新型政党制度而言，民主党派做好自身建设可以更好地发挥三大政治职能作用，进而更好地提高中国政党制度效能，巩固和完善社会主义协商民主制度，对于提高国家治理体系和治理能力现代化，实现两个一百年的奋斗目标都具有重要的意义。

第一节　参政党建设的内涵、目标和原则

一切事物都处于运动变化过程中，民主党派亦不例外。新中国成立以来，随着社会主义民主政治和中国的新型政党制度不断巩固、发展和完善，民主党派的性质、职能、指导思想和组织队伍都发生了重大变化。中国特色社会主义进入新时代，国际环境和我国国内社会矛盾、社会结构、统一战线的内部构成都发生了

重大变化，民主党派的组织队伍和成员结构也都发生了很大变化，所有这一切都推动民主党派紧随多党合作的时代要求，加快自身建设的步伐。

一、参政党建设及其理论研究

关于参政党建设的理论研究是伴随着 1989 年颁发的《中共中央关于坚持和完善中国共产党领导的多党合作和政治协商制度的意见》而正式纳入统战学研究的视域之中。因为 1989 年的这份中央文件第一次正式提出了“参政党”的概念，进而提出了“支持民主党派加强自身建设”的要求。之后，参政党的自身建设研究作为多党合作的一个研究领域，逐渐为学者们所关注。尽管“参政党建设”研究 1989 年之后才被正式提出，但此前民主党派已经存在和发展了 40 年，其思想建设、组织建设及相关领域的建设发展事实上已经存在了 40 年。所以，参政党建设的研究不应该仅限于 1989 年之后。

民主党派的建设对自身存在和发展，对中国政党制度的发展与完善，对中国民主政治的发展进步都具有不同的重要意义。民主党派的自身建设与中国的政党制度和中国的政治环境密不可分。不同的历史时期，民主党派自身建设的目标和任务也不尽相同。新中国成立后的前七年，民主党派的建设主要是抓好思想改造和扩大组织队伍建设，以适应民主党派政治纲领和思想意识形态的转变，满足多党合作的现实需要。社会主义改造完成之后，民主党派在“长期共存，互相监督”方针的指导下，明确了“互相监督”的政治职能，围绕履行职能，发挥了“参、代、监、改”[①] 的作用。

改革开放之后，我国的政党制度重新焕发了生机和活力。经过十多年的实践和探索，1989 年颁发的《中共中央关于坚持和完善中国共产党领导的多党合作和政治协商制度的意见》明确提出“中国共产党领导的多党合作和政治协商制度是我国的一个基本政治制度”，并提出了民主党派自身建设要以思想建设和组织建设为重点，首先是各级领导班子建设，同时提出了民主党派的机关建设问题。

进入新时代，民主党派明确了参政议政、民主监督和参加中国共产党领导的政治协商的三项政治职能，特别是为落实习近平总书记明确提出的新时代民主党派“四新”“三好”的要求，2019 年 5 月中共中央专门颁发了《关于加强中国特色社会主义参政党建设的意见》，为民主党派在新时代的建设提出了具体要求和新的发展方向。

参政党建设的理论研究，离不开对参政党建设内涵及规律的认识和把握。从政党学的角度来讲，中国的政党研究应该包括中国共产党和民主党派。而参政党建设理论，应该是中国政党理论研究的一个重要内容，“是研究民主党派产生和发展活动规律的学科”[②]。

当前来说，参政党建设理论的内涵包括：“民主党派建设的基本原则和规范，包括民主党派作为政党的性质、地位、作用、

① 刘延东主编：《当代中国的民主党派》，当代中国出版社 1999 年版，第258 页。

② 郑宪等编：《中国参政党建设新论》，中共中央党校出版社 2006 年版，第 18 页。

职能、任务；民主党派自身建设各个方面的原则：包括原则的制定、执行和遵守，研究人们关于民主党派的观念和学说的理论；研究民主党派历史发展的规律。总之，民主党派自身建设理论是有关中国民主党派（特殊的政党——中国的民主党派）活动的学问。”①

所以，参政党建设的理论研究主要包括三个部分：第一，参政党建设的一般原理，包括参政党的性质、地位、职能、政党关系、发展目标等问题；第二，参政党建设的各个具体的领域，包括思想建设、组织建设、制度建设、作风建设、机关建设、领导班子建设和基层组织建设等问题；第三，参政党的运行机制和功能发挥问题，主要研究民主党派如何健全机制，发挥参政党的功能，在政党制度和国家政治生活中履行职能的方式和规律问题。

二、参政党建设的目标

参政党的自身建设，首先是党派自身存在和发展的必然要求，而民主党派自身存在的价值和意义，则取决于民主党派的基本政治职能——参政议政、民主监督和参加中国共产党领导的政治协商，民主党派认真发挥作用，履行职能，与中国共产党团结合作，更好地发挥中国新型政党制度的功能，推动社会主义协商民主的发展。所以，民主党派自身建设的内涵：主要包括参政党建设的意义、原则、目标和主要内容等，都要服从和服务于党派自身的存在和发展，服从和服务于中国政党制度的完善以及中国

① 郑宪等编：《中国参政党建设新论》，中共中央党校出版社 2006 年版，第 18 页。

民主政治的发展要求。

政党建设的目标就是政党自身建设所要达到的境地或标准，也就是建设一个什么样的党的问题。政党建设目标的确定，对政党自身建设具有决定性的意义。因为它不仅为政党自身建设指明了方向，确立了标准，而且政党自身建设的各个方面都必须围绕和服从这个目标。

讨论参政党建设的目标，首先要明确参政党的政治内涵。《中国共产党统一战线工作条例（试行）》明确指出，“民主党派是接受中国共产党领导、同中国共产党通力合作的亲密友党，是中国特色社会主义参政党”。“民主党派的基本职能是参政议政、民主监督，参加中国共产党领导的政治协商。无党派人士可以参照民主党派履行职能。”“参政议政的主要内容是：参加国家政权，参与重要方针政策、重要领导人选的协商，参与国家事务的管理，参与国家方针政策、法律法规的制定和执行。”

民主党派是中国特色社会主义参政党，参政的基本点是“一个参加，三个参与”，这是我国新型政党制度的特点，也准确地反映出民主党派在我国政治生活中的实际状况。明确了参政党的内涵，也就明确了参政党建设与执政党建设目标上的相互关联性和差异性。中国共产党第十九次全国代表大会政治报告中明确提出要“把党建设成为始终走在时代前列、人民衷心拥护、勇于自我革命、经得起各种风浪考验、朝气蓬勃的马克思主义执政党”①。

---

① 习近平：《决胜全面建成小康社会 夺取新时代中国特色社会主义伟大胜利——在中国共产党第十九次全国代表大会上的报告》，人民出版社2017年版，第62页。

民主党派的建设目标，既要体现本党的历史传承和优良传统，又要紧跟时代步伐，反映时代的变化和要求，同时把握好自身的性质、定位和职能。中国共产党第十九次全国代表大会之后，民革在新修订的党章中明确了自身建设的目标："以坚持共产党领导与发扬社会主义民主、体现政治联盟特点、体现进步性与广泛性相统一为原则，以继承和发扬孙中山爱国、革命、不断进步精神为特色，牢固树立政治意识、大局意识、核心意识、看齐意识，不断坚定道路自信、理论自信、制度自信、文化自信，坚定维护以习近平同志为核心的中共中央权威和集中统一领导，坚决维护习近平同志的核心地位，贯彻中国特色社会主义基本理论、基本路线、基本方略，加强思想、组织、制度特别是领导班子建设，提高政治把握能力、参政议政能力、组织领导能力、合作共事能力、解决自身问题能力，积极培育和践行社会主义核心价值观，不断提高干部、党员政治素质；发展党内民主、加强党内监督、巩固党内团结、促进党内和谐，增强组织活力，进一步把本党建设成为与中国共产党亲密合作、致力于建设中国特色社会主义的参政党。"①

中国民主促进会2017年修订的新章程提出，"必须坚持中国共产党的领导与发扬社会主义民主的原则，体现政治联盟的特点，体现进步性与广泛性的统一；必须坚持以政治交接为主线，继承和发扬我会的优良传统及老一辈领导人的高尚风范，深刻认识中国共产党领导是中国特色社会主义最本质的特征和制度的最

---

① 《中国国民党革命委员会章程》，中国国民党革命委员会官方网站，2017年12月23日，http：//www. minge. gov. cn/n1/2017/1123/c415521 – 29663888. html。

大优势，同以习近平同志为核心的中共中央保持高度一致，增强政治意识、大局意识、核心意识、看齐意识，坚定中国特色社会主义的道路自信、理论自信、制度自信、文化自信；必须坚持以思想建设为核心，以组织建设为基础，以制度建设为保障，全面加强自身建设，不断提高全会的整体素质和履行职责的能力；必须坚持贯彻民主集中制，促进领导决策的科学化、民主化；必须坚持解放思想、实事求是、与时俱进、开拓创新，努力把本会建成与中国共产党亲密合作、适应新时代要求的中国特色社会主义参政党，更好地担负起历史赋予的光荣使命”。①

中国民主同盟提出，“自身建设的目标是，把民盟建设成为与中国共产党长期亲密合作的高素质的参政党。自身建设的原则是，坚持中国共产党的领导与充分发扬社会主义民主；体现政治联盟的特点；体现进步性与广泛性的统一。自身建设要以思想建设为核心，以组织建设为基础，以制度建设为保障，不断提高政治把握能力、参政议政能力、组织领导能力、合作共事能力、解决自身问题能力”。②

2019 年，中共中央在《关于加强中国特色社会主义参政党建设的意见》中明确提出，加强中国特色社会主义参政党建设的目标是：高举中国特色社会主义伟大旗帜，以习近平中国特色社会主义思想为指导，以思想政治建设为核心，组织建设为基础，履

---

① 《中国民主促进会章程》，中国民主促进会官方网站，2017 年 12 月 4 日，http：//www. mj. org. cn/mjgk/node_ 579. htm。

② 《中国民主同盟章程》，中国民主同盟官方网站，2018 年 5 月 31 日，http：//www. dem – league. org. cn/mmgk/zhangcheng/15673. aspx。

职能力建设为支撑，作风建设为抓手，制度建设为保障，建设政治坚定、组织坚实、履职有力、作风优良、制度健全的中国特色社会主义参政党，做自觉接受中国共产党的领导，同中共通力合作的亲密友党和好参谋、好帮手、好同事。

从整体上和长远来说，参政党建设的目标就是把民主党派建设成一个与中国共产党团结合作，适应发展变化的时代要求，致力于中国特色社会主义现代化建设的高素质的参政党，近期目标就是提高自身的素质和水平，更好地履行新时代赋予的职能和使命。

三、参政党建设的原则

参政党建设的原则是民主党派自身建设的基本遵循和基本规定，与参政党建设的目标密切相关。总的来说是要服从和服务于中国新型政党制度的巩固和完善，推动中国社会主义民主进步和现代国家治理的发展。

2005 年中共中央颁发的《关于进一步加强中国共产党领导的多党合作和政治协商制度建设的意见》提出，参政党建设的原则是坚持党的领导和发扬社会主义民主的原则；体现政治联盟特点的原则；体现进步性与广泛性相统一的原则。该文件进一步将民主党派建设要坚持的原则明确为：“坚持中国共产党的领导、发扬社会主义民主、体现政治联盟特点、体现进步性与广泛性相统一的原则……”①

① 中共中央文献研究室编：《十六大以来重要文献选编》（中），中央文献出版社 2006 年版，第 681 页。

2019 年，中共中央在《关于加强中国特色社会主义参政党建设的意见》中提出，加强中国特色社会主义参政党建设的原则是：坚持中国共产党的领导，准确把握中国特色社会主义参政党定位，贯彻“长期共存、互相监督、肝胆相照、荣辱与共”方针，确保坚定正确的政治方向，坚持民主党派自觉、自主、自为，尊重民主党派的参政党地位，发挥民主党派的主体作用，坚持问题导向，聚焦突发问题和薄弱环节，精准施策，讲求实效，注重自我教育、自我约束、自我提高，坚持照顾同盟者利益，帮助民主党派解决实际问题，提供支撑和保障。

所以，无论是八个民主党派提出的自身建设的目标和原则，还是中共中央关于多党合作相关意见明确提出的原则，都是从三个维度去把握：一是中国政治发展的维度，即中国的参政党建设要扩大公民有序政治参与，推动中国社会主义协商民主的发展；二是中国新型政党制度的维度，即参政党建设要巩固发展中国新型政党制度，有助于发挥好我国政党制度的效能；三是参政党自身性质和地位的维度，即参政党的建设要体现中国特色社会主义参政党的功能定位，适应新时代中国特色社会主义参政党发展目标和价值追求。这三个维度保证了民主党派的自身建设既符合中国政治发展的道路和方向，又能够巩固和发展中国的新型政党制度，同时也体现了民主党派在自身建设过程中作为多党合作行为主体的自觉、自主、自为的原则。

第二节　民主党派建设的探索与发展

民主党派的自身建设是一定社会政治环境下的产物，也与特定的时代背景密切相连。自新中国成立之后，民主党派的建设就开始了，先后经历了不同的历史时期和不同的发展阶段。自20世纪50年代中国的新型政党制度初步创立，中国共产党协助民主党派清理整顿思想和组织发展，到新时代中国特色社会主义参政党建设，民主党派的自身建设经历了与中国共产党共同创建新型政党制度、发挥和完善自身的职能到自己主动自觉地探索自身建设的目标和规律，适应了新时代新型政党制度要求的过程，自身建设的理论和实践在探索中走向成熟。

一、民主党派建设的历史脉络

民主党派的自身建设随着多党合作的实践探索和时代的要求以及自身职能的明确而不断丰富和发展。从1949年新中国成立至今，民主党派建设历程大体可以分为四个阶段。

第一阶段：从新中国成立前后至1957年上半年，这是民主党派发展的黄金时期。新中国成立之初，各民主党派成员人数较少，民主党派组织规模远不能适应中国政治发展，特别是多党合作的需要。截至1950年12月，民盟正式登记的成员有7000多人，民革有1600多人，民建有1600多人，民进有200多人，农工党有1600多人，致公党有400多人，九三学社有100多人，台盟有 158 人。总计不到 13000 人。①

因此，在中国共产党的协助下，各民主党派大力清理整顿和发展组织队伍。1950 年 10 月，周恩来代表中共中央向各民主党派提出了发展成员的建议，1951 年召开的第二次全国统战工作会议提出了《1951 年协助各民主党派发展党员的建议》，要求 1951 年协助各民主党派发展成员一至二倍，条件是拥护《共同纲领》，地区主要是大中城市和省会城市。结果于 1953 年初，各民主党派成员总数就达到 32000 多人。② 此后，经过几年的发展，到 1956 年成员规模达到 10 万人左右。

这一时期各民主党派进行了组织清理和整顿工作，并积极参加土地改革、抗美援朝、镇压反革命运动和“三反”“五反”运动，为贯彻党在过渡时期的总路线贡献力量。这一过程中，民主党派通过参加国家建设和各种政治经济社会实践活动，实现了从新民主主义向社会主义的转变，思想和组织都有一定的发展。特别是社会主义改造即将完成的 1956 年，毛泽东提出了“长期共存，互相监督”的多党合作方针，为民主党派在社会主义改造后确立了重要的政治职能，同时也明确了民主党派今后存在的价值和意义。所以，整个 20 世纪 50 年代民主党派的作用可以概括为“参、代、监、改”四个方面。

第二阶段：从 1957 年下半年的“反右”运动到“文化大革命”结束，这是民主党派发展遭受挫折时期。由于共产党的指导思想发生“左”的错误，民主党派被认定为“资产阶级政党”，

---

① 刘延东主编：《当代中国的民主党派》，当代中国出版社 1999 年版，第 72 页。

② 同①，第 72 页。

民主党派的主要任务是学习和思想改造，党派机关受到冲击，组织和发展工作被迫停止。

第三阶段：从“文化大革命”结束到2002年。这一阶段民主党派组织恢复并逐步壮大。1989年《中共中央关于坚持和完善中国共产党领导的多党合作和政治协商制度的意见》颁发后，首次明确了中国共产党领导的多党合作和政治协商制度是我国的一项基本政治制度，明确了民主党派的性质是从阶级联盟发展为政治联盟，明确了民主党派的职能为参政和监督。自此之后，民主党派开始了自觉主动地探索自身建设的目标和规律，思想建设、组织建设、机关建设、领导班子建设、基层组织建设和制度建设取得很大进步，理论建设也逐渐兴起，并取得了一定成绩。

第四阶段：各民主党派在新世纪召开了第一次全国代表大会，明确了新世纪参政党建设的目标和原则；实现了新老领导人的交替；参政党面临新形势，与中共一起承担着全面建设小康社会、构建社会主义和谐社会等重要任务，提高参政党能力建设成为完成参政党历史使命的必然要求，参政党自身建设进入新的阶段。

特别是党的十八大以来，中国社会发展进入新时代，习近平总书记在2013年提出中国特色社会主义参政党的概念；2015年召开了中央统战工作会议，颁发了《中国共产党统一战线工作条例（试行）》，赋予了民主党派一项新的政治职能——参加中国共产党领导的政治协商；颁发了《中共中央关于加强社会主义协商民主建设的意见》《关于加强人民政协协商民主建设的实施意见》《关于加强政党协商的实施意见》《关于加强和改进人民政协民主监督工作的意见》，此外还修订了《中国人民政治协商会议章程》等重要文件；2018 年习近平总书记提出了“中国新型政党制度”，并在此前党外人士迎春座谈会上提出“多党合作要有新气象，思想共识要有新提高；履职尽责要有新作为；参政党要有新面貌”，对多党合作和民主党派提出了新的要求。根据新时代多党合作的新形势和新要求，自 2018 年底到 2019 年上半年，印发了三个关于民主党派代表人士队伍建设、组织发展和新时代参政党建设的重要文件，标志着参政党自身建设也进入了新时代。

二、民主党派自身建设的探索与实践

改革开放之后，随着民主党派参与政治实践的日益丰富，民主党派相关理论研究也逐步兴起，自身建设理论也逐步发展起来。1989 年中共中央颁布的《关于坚持和完善中国共产党领导的多党合作和政治协商制度的意见》明确表示要“支持民主党派加强思想建设和组织建设，首先是民主党派各级领导班子建设”。参政党的建设内涵日益明确，参政党的建设实践也逐步探索推进。

随着该文件的贯彻落实，我国的多党合作和政治协商制度日渐成熟和完善，多党合作和民主党派参政议政空前活跃。在此背景下，民主党派自身探索建设规律也取得一定的成果。1999 年 5 月 11 日，《各民主党派中央关于加强自身建设若干问题座谈会纪要》提出：“民主党派自身建设要以邓小平理论为指导，高举爱国主义和社会主义两面旗帜，坚持中国共产党领导和发扬社会主义民主的原则，坚持进步性与广泛性相统一的原则，从参政党性质、地位、特点和发挥参政党作用的要求出发，确定自身建设的目标和基本任务。要以搞好政治交接为主线，以思想建设为核心，以组织建设为基础，以制度建设为保障，努力把自身建设提高到新的水平。”[①] 这样，民主党派在20世纪90年代提出了自身建设的基本思路，即以搞好政治交接为主线，以领导班子建设为重点，以思想建设为核心，以组织建设为基础，以制度建设为保障，努力把自身建设提高到一个新的水平。

中国共产党吸纳了民主党派20世纪90年代关于自身建设的理论成果。在2005年颁发的《中共中央关于进一步加强中国共产党领导的多党合作和政治协商制度的意见》中提出：“党委要把支持民主党派加强自身建设作为一项重要政治责任。支持民主党派根据各自章程规定的参政党自身建设目标，按照坚持中国共产党的领导，发扬社会主义民主，体现政治联盟的特点，体现进步性和广泛性统一的原则，以思想建设为核心，以组织建设为基础，以制度建设为保障，把自身建设提高到新的水平。”[②]

之后，民主党派自身建设的领域逐步拓展，作风建设也逐渐成为党派建设的共识，特别是党派换届，新老领导人的政治交接，要把民主党派的优良作风坚持下去，交接下去。2013年7月22日，俞正声在会上提出四大建设，“切实加强中国特色社会主

---

① 《各民主党派中央关于加强自身建设若干问题座谈会纪要》，九三学社中央委员会官方网站，1999年5月11日，http://www.93.gov.cn/html/93gov/zsjs/jgjs/zdwj/5669316272146616128.html。

② 中共中央文献研究室编：《十六大以来重要文献选编》（中），中央文献出版社2006年版，第681页。

义参政党建设，大力推进思想、组织、制度和作风建设”①，正式提出民主党派自身建设的四大领域。这样，民主党派自身建设的主要框架基本确立起来了。

三、从四个领域到五种能力

1956年底社会主义改造基本完成后，民主党派确立了“参、代、监、改”的基本职能，民主党派的自身建设也逐步以更好地发挥这些政党职能为导向。1989年〔14〕号文件，明确了民主党派“参政和监督”的政治职能，明确了民主党派要加强思想建设和组织建设，还强调了领导班子建设和机关建设的问题，民主党派的职能和自身建设的重点领域日益清晰。1999年5月，民主党派中央集体探讨自身建设的经验和规律，确定了“思想建设、组织建设和制度建设”三大领域及目标和方向。2005年中共中央颁布的《关于进一步加强中国共产党领导的多党合作和政治协商制度的意见》对民主党派自身建设的三个领域予以确认。2013年，俞正声提出民主党派需要加强思想、组织、制度和作风建设，这样民主党派四个领域的建设正式形成。

新世纪新阶段，民主党派自身建设以提高领导班子成员的四种能力为目标。从1989年中央〔14〕号文件开始，民主党派的自身建设问题进入理论政策层面，先后经历了从“思想建设、组织建设、制度建设、作风建设”四个领域到提高领导班子成员的“政治把握能力、参政议政能力、组织领导能力、合作共事能力”的过程。这其实也是一个从理论层面到实践要求的转化过程，符

---

① 《人民日报》2013年7月23日。

合民主党派探索自身建设的一般规律，也突出反映了这一时期民主党派领导班子建设的现实要求和紧迫性。

从四个领域的建设到四种能力建设的提出，反映了民主党派建设的探索，是从理论到实践的发展过程。因为四个领域的建设到底成效如何，需要通过实践的检验。而党派建设的成效，主要体现在骨干党员特别是民主党派各级领导班子成员身上。实践是检验真理的唯一标准。而民主党派的政治活动实践是检验民主党派特别是党派领导班子建设在四个领域成效最重要的标准。所以，四个领域是政治标准，而四种能力则是落实在领导班子和骨干党员方面的实践要求。

早在 2000 年 3 月 2 日，王兆国在中央社院春季开学典礼的讲话中第一次比较完整系统地提出了民主党派能力建设的主要内容，即“四种能力”，他说：“面对新世纪国际形势的风云变幻，面对国内建设的改革攻坚，面对各民主党派自身建设的任务要求，建设一支高素质的民主党派干部队伍，要提高领导班子成员的政治把握能力、参政议政能力、组织领导能力和合作共事能力。”①

2004 年 9 月 19 日，中共十六届四中全会通过了《中共中央关于加强党的执政能力建设的决定》，提出了提高执政党执政能力建设的新课题。2005 年 2 月，在党外人士迎春座谈会上，胡锦涛提出：“要坚持执政党建设和参政党建设互相促进。中国共产

① 陈延武：《民主党派如何提高解决自身问题的能力》，中央统战部官方网站，2018 年 5 月 20 日，http：//www. zytzb. gov. cn/tzb2010/wxwb/201507/18010f78d19845b79d59da5876a9e680. shtml。

党要适应形势和任务的发展不断加强自身的全面建设，特别是要加强执政能力建设和先进性建设；各民主党派要不断提高政治把握能力、参政议政能力、合作共事能力和组织协调能力，同中国共产党一道开创多党合作事业的新局面。”① 2005 年颁布的《中共中央关于进一步加强中国共产党领导的多党合作和政治协商制度建设的意见》明确提出了四种能力的要求：“支持民主党派加强组织建设。贯彻民主集中制原则，提高领导班子成员的政治把握能力、参政议政能力、组织领导能力和合作共事能力。”②

2007 年 12 月 24 日，胡锦涛在民主党派新老领导人座谈会上的讲话中再次提出四种能力的要求，他指出：“要按照各自章程规定的参政党建设目标和原则，坚持以思想建设为核心，以组织建设为基础，以制度建设为保障，全面加强自身建设，以班子建设带动队伍建设，不断提高参政议政、民主监督能力。”所以，四种能力的要求成为新世纪新阶段民主党派组织建设特别是领导班子建设的重要内容。

提高解决自身问题的能力是新时代对民主党派各级组织领导班子集体提出的新要求。增强领导班子解决自身问题的能力，是加强领导班子建设的内在要求和重要目标。“解决自身问题”主要是指领导班子克服自身思想作风上的问题，自我化解领导班子内的各种矛盾，提高自身凝聚力、战斗力。民主党派是以高学历高职称的知识分子为主体的政治组织，知识分子的工作性质相对

---

① 《人民日报》2005 年 2 月 5 日。

② 中共中央文献研究室编：《十六大以来重要文献选编》（中），中央文献出版社 2006 年版，第 681 页。

独立和自由，思维方式和价值观念灵活多变，加之目前我国党派组织管理机制特有的专职副主委的组织架构，主委、专职副主委乃至秘书长之间的沟通交流机制有待完善，给民主党派的各级组织管理带来一定影响，造成不少地方乃至基层组织内部矛盾重重，凝聚力差，党派工作难以开展，基本职能发挥不出来。为此，2007 年为解决换届之后民主党派各级组织特别是地方组织存在的不少问题，民主党派中央协商一致形成了《各民主党派中央关于加强地方组织领导班子建设的座谈会纪要》以期对此类问题的解决有所助益。从总体上看，一些问题得到了有效解决，但在一些地方，一些党派组织内容仍然存在不少类似问题。所以，在 2015 年中央统战工作会议上，习近平总书记讲话中提出了第五种能力，即（民主党派各级组织）解决自身问题的能力的要求。

这样，经过了近 20 年的实践和探索，民主党派自身建设先后经历了从四个领域到五种能力的过程，这也是新时代民主党派自身建设理论探索的逐步系统和完善。

第三节　加强新时代中国特色社会主义参政党建设

从 20 世纪 50 年代民主党派的组织发展和职能确立，到 1989 年〔14〕号文件明确提出民主党派思想建设、组织建设、领导班子建设和机关建设，再到 2015 年中央统战工作会议，习近平总书记讲话中提出民主党派的五种能力建设的要求，到 2018 年迎春座谈会提出的

“四新”要求，新时代参政党建设已经成为一个围绕履行职能形成的，以提升参政党的能力水平为主要目的，以加强思想政治建设、组织建设、履职能力建设、制度建设、作风建设、领导班子建设、机关建设和基层组织建设等主要领域的全方位建设格局。

一、着力深化思想政治建设

思想建设是参政党自身建设中带有根本性的建设，是参政党建设的核心。思想建设主要解决的是政治认同问题，即认同中国共产党的领导，认同中国特色社会主义道路，夯实多党合作共同的思想政治基础。信仰的坚定来自理论的清醒，民主党派成员在这个问题上想通了其他问题都容易解决。所以思想建设是民主党派自身建设的根本。思想建设的根本任务就是坚持中国特色社会主义道路，以邓小平理论、“三个代表”重要思想、科学发展观、习近平新时代中国特色社会主义思想为指导，提高成员的政治素质和思想道德水平，增强对建设中国特色社会主义的共识，提高贯彻基本路线和基本纲领的自觉性，深化对参政党地位、性质和历史使命的认识，为巩固和发展同中国共产党的团结合作奠定坚实的思想基础。

十九大报告中明确宣告新时代“我国社会的主要矛盾已经转化为人民日益增长的美好生活需要和不平衡不充分的发展之间的矛盾”①。我们要着力解决发展不平衡不充分问题。为此，中国共产党确定了新时代“两个一百年”的奋斗目标。民主党派在新时代

---

① 习近平：《决胜全面建成小康社会　夺取新时代中国特色社会主义伟大胜利——在中国共产党第十九次全国代表大会上的报告》，人民出版社2017年版，第11页。

的新任务就是与共产党团结合作，共同实现新时代的发展目标。

自 2002 年换届后，民主党派实现了整体性的新老成员的交替，新一代的代表人物基本上已经成为各民主党派的主要领导和主体。到 2017 年各民主党派换届后民主党派的成员基本上都是新时期加入的，新一代的民主党派成员大多都是在新中国的教育体制下成长起来的，他们主体上都拥护中国社会主义、拥护中国共产党，党派成员更替逐渐趋向于高学历、高业务水准和年轻化方向，具有良好的政治教育基础和明辨大是大非的能力。但是，也有小部分的成员由于出国留学或有过海外生活、工作经历，或多或少地受到西方政治的影响，加之在国外时间较长，对国内的发展、进步等变化不能深入了解，导致其对西方的某些民主政治制度表示赞同，甚至宣传西方的民主政治，企图使中国走上效仿西方那一套的道路。甚至其中的一部分人会对西方的“多党制”“联合多党制”“两院制”“三权分立”的某些部分表示认同。另外，由于新一代的民主党派成员越来越趋向年轻化、专业化，主流思想受社会大环境的影响较深，具有思想活跃、思维敏感、善于独立思考和政治素质较高的特点，加之他们未经过中国的战争年代，不能体会民族危亡时刻老一辈党派革命家和共产党人团结合作、浴血奋战的精神和深厚友谊。他们不具备老一辈民主党派成员所拥有的特殊气质和风骨以及一呼百应的感召力的特点。针对新时期民主党派成员出现的新特点，就需要直接或间接地加强对民主党派成员的思想政治教育，在思想上对其加强培养和引导。帮助他们在实际工作中、在参政议政中、在组织活动中不断地得到磨炼和提升，迅速地成长成熟起来。

所以，进入中国特色社会主义新时代，民革章程强调："加强自身建设放在重要地位，以坚持共产党领导与发扬社会主义民主、体现政治联盟特点、体现进步性与广泛性相统一为原则，以继承和发扬孙中山爱国、革命、不断进步精神为特色，牢固树立政治意识、大局意识、核心意识、看齐意识，不断坚定道路自信、理论自信、制度自信、文化自信，坚定维护以习近平同志为核心的中共中央权威和集中统一领导，坚决维护习近平同志的核心地位，贯彻中国特色社会主义基本理论、基本路线、基本方略，加强思想、组织、制度特别是领导班子建设，提高政治把握能力、参政议政能力、组织领导能力、合作共事能力、解决自身问题能力，积极培育和践行社会主义核心价值观，不断提高干部、党员政治素质；发展党内民主、加强党内监督、巩固党内团结、促进党内和谐，增强组织活力，进一步把本党建设成为与中国共产党亲密合作、致力于建设中国特色社会主义的参政党。"①

民盟强调："坚决拥护以习近平同志为核心的中共中央的领导，拥护中国共产党的执政地位，坚信中国共产党的领导是中国特色社会主义最本质的特征，是中国特色社会主义制度的最大优势。坚持和完善中国共产党领导的多党合作和政治协商制度，坚持中国特色社会主义基本理论、基本路线、基本方略，坚持'长期共存、互相监督、肝胆相照、荣辱与共'的方针，维护宽松稳

---

① 《〈中国国民党革命委员会章程〉，民革第十三次全国代表大会部分修改》，2017 年 12 月 23 日通过，民革官网，http://www.minge.gov.cn/n1/2017/1123/c415521-29663888.html，2018 年 10 月 15 日。

定、团结和谐的政治环境。"[①] "中国民主同盟坚持爱国主义、社会主义，树立政治意识、大局意识、核心意识、看齐意识，坚定道路自信、理论自信、制度自信、文化自信，促进大团结大联合，努力为加快推进富强民主文明和谐美丽的社会主义现代化强国建设凝聚共识、汇聚力量。"[②] "中国民主同盟发扬自我教育的优良传统，加强思想道德建设，培育和践行社会主义核心价值观，推动盟员学习中国特色社会主义理论体系，倡导爱国主义、集体主义、社会主义思想，发扬民主、科学精神，解放思想，实事求是，坚持理论与实践相结合。"[③]

二、扎实推进组织建设

组织建设是参政党自身建设的基础。民主党派的组织建设要以领导班子建设为重点，以搞好政治交接为主线。民主党派要贯彻民主集中制原则，提高领导班子成员的政治把握能力、参政议政能力、组织领导能力和合作共事能力。新时代参政党的组织建设要着眼于多党合作事业的长远发展，支持民主党派加强后备干部队伍建设，要按照"三个为主"（以协商确定的范围和对象为主，以大中城市为主，以有代表性的人士为主）、注重质量、保持特色、组织发展与后备干部队伍建设相结合的原则，做好组织发展和成员的教育管理工作。

---

① 《〈中国民主同盟章程〉，中国民主同盟第十二次全国代表大会部分修改》，2017 年 12 月 9 日通过。民盟官网，http://www.dem - league.org.cn/mmgk/zhangcheng/15673.aspx，2018 年 10 月 15 日。

② 同①。

③ 同①。

（一）民主党派的领导班子建设

毛泽东说，政治路线确定之后，干部就是一个决定的因素。民主党派各级组织领导班子成员，特别是高级领导干部是带领民主党派履行职能发挥作用的核心和骨干力量。民主党派如果没有强有力的领导班子来领导，就难以保持坚定正确的政治方向和旺盛的组织活力，就无法较好地履行参政党的职能。新时代我们面临的国内国际矛盾与挑战增多，我们的任务和使命艰巨，而民主党派也经历了自上而下的大换届，加上党派缺乏有效的组织方式，专兼职结合等实际情况，换届后能否适应新的岗位，能否传承老一辈党派领导的优良作风，领导班子建设问题显得尤为重要。

民主党派的领导班子建设要以政治交接为主线，以四个领域建设为主要内容，以五种能力建设为标准，以提高组织的凝聚力和履职能力为目标，建设一支高素质的民主党派干部队伍。新时代，参政党建设的一个重要目标就是加强参政能力建设。参政党的参政能力建设，既与参政党的思想建设、组织建设和制度建设密切联系，又对参政党的各方面建设起牵头管总的作用，贯穿于参政党各个方面建设之中。政治把握能力是党外代表人士的能力建设的基本要求，是党外代表人士思想建设水平的体现和反映；参政议政能力是民主党派履职能力的基本要求，是民主党派基本政治职能之一；组织领导能力是民主党派实职干部工作能力水平的重要反映；合作共事是统一战线中最经常、最大量、最普遍的关系。“求大同，存小异”是民主党派成员提高合作共事能力的基本原则；增强领导班子解决自身问题的能力，是加强领导班子建设的内在要求和重要目标。“解决自身问题”主要是指领导班子克服自身思想作风上的问题，自我化解领导班子内的各种矛盾，提高自身凝聚力、战斗力的本领。

1. 政治把握能力

政治把握能力是民主党派思想建设水平的体现和反映，是民主党派领导班子成员政治方向的基本要求。当前党外代表人士的政治把握能力就是要求党外代表人士坚持中国共产党的领导，不断增强“四个意识”；坚持中国特色社会主义道路，增强多党合作的制度自信。政治把握能力要求民主党派要坚持中国共产党的领导，坚持中国特色社会主义道路。主要体现在要正确认识和理解中国的政治制度和政党制度，夯实多党合作共同的思想政治基础，形成基本政治共识，在大是大非面前保持政治头脑清醒，政治立场坚定。

信仰的坚定来自理论的清醒。中国共产党的领导是历史形成的，中国特色社会主义道路是中国政治发展的必然选择。中国新型政党制度是中国共产党与民主党派携手一道，团结合作，共同探索形成的。共产党领导，多党派合作；共产党执政，多党派参政，这是中国政党制度的一大特点和优势。这种新型政党制度的突出优势能够保障政治和社会的和谐稳定，减少决策成本，集中力量办大事。在这样的制度构架下，我们创造性地发展了社会主义协商民主制度和实践，在维护政治稳定、扩大公民有序政治参与，促进社会进步和经济发展方面发挥了重要的作用。当然，作为一种仅构建和运行了几十年的政治制度，我国的政党制度也不是完美无缺的，要巩固和完善这种制度，要更好地发挥我国政党制度的效能，民主党派必须发挥积极性和主动性，更好地参政议政、建言献策，为完善这种制度作出贡献。

2. 参政议政能力

参政议政能力是民主党派履职能力的基本要求，是民主党派基本政治职能之一。民主党派参政议政是指通过各种形式和途径“参加国家政权，参与重要方针政策、重要领导人选的协商，参与国家事务的管理，参与国家方针政策、法律法规的制定和执行”。

为保证民主党派和党外人士的参政议政职能发挥，中共中央出台了一系列的政策文件，构建了一系列的制度化渠道保证实施。特别是 2015 年《中国共产党统一战线工作条例（试行）》的颁布，从制度上和政策上解决了统一战线特别是多党合作中的一些长期突出的问题：比如政协委员构成的比例规定，党外人士的岗位和职数，同等政治待遇问题，党外代表人士的培养、选拔、使用问题，等等。这些规定从制度上保证了党外人士参政议政的职能发挥。

民主党派要提高参政议政的能力和水平就要加强学习，提高自身的能力和水平。这主要包括：加强政治理论的学习、党和国家方针政策的学习以及经济、法律等各方面知识的学习，掌握参政议政必备的基本知识和技能，要熟悉国家和地方政府的大政方针和战略规划。参政议政不仅是民主党派成员的个人政治活动，更需要建立健全民主党派的参政议政工作机制，充分发挥民主党派参政议政的整体功能和水平。

3. 组织领导能力

组织领导能力是民主党派实职干部工作能力水平的重要反

映。民主党派要更好地在国家和社会事务管理中发挥积极作用，更好地反映所联系群众的利益和愿望，必须提高组织领导能力。民主党派成员多长期从事教学、科研和专业技术工作，是学有所长的专家，但组织领导能力、政治社会活动经验往往尚需积累和提高。党派成员提高组织领导能力一是自身要适应角色转换，专心从事新的工作岗位；二是依靠组织人事部门提供重要的锻炼机会，要通过人大、政府、政协、司法机关以及有关人民团体任职和多岗位交流等形式加强实践锻炼，真正使他们成为在中国共产党领导下，团结各方面群众不断走向进步、致力于共同事业的桥梁和纽带。

4. 合作共事能力

合作共事是统一战线中最经常、最大量、最普遍的关系。这就要求民主党派成员以高度的政治责任感和使命感，不断增强与共产党团结合作的自觉性和主动性，与共产党同心同德、和衷共济，在实现共同奋斗目标中发挥自身作用，在亲密合作中达到共同进步。“求大同，存小异”是民主党派成员提高合作共事能力的基本原则。大同就是政治共识。政治共识教育的深化，提升了党外代表人士的理论水平，增强了合作共事意识，夯实了多党合作的思想政治基础。

5. 解决自身问题的能力

增强领导班子解决自身问题的能力，是加强领导班子建设的内在要求和重要目标。“解决自身问题”主要是指领导班子克服自身思想作风上的问题，自我化解领导班子内的各种矛盾，提高自身凝聚力、战斗力的本领。

民主党派是以高学历高职称组成的知识分子为主体的政治组织，知识分子的工作性质相对独立和自由，思维方式和价值观念灵活多变，加之目前我国党派组织管理机制特有的专职副主委的组织架构，主委、专职副主委乃至秘书长之间的沟通交流机制有待完善，给民主党派的各级组织管理带来一定影响，造成不少地方乃至基层组织内部矛盾重重，凝聚力差，党派工作难以开展，基本职能发挥不出来。

简单说，解决组织自身问题，一靠领导干部自身；二靠组织本身；三靠制度。领导的气质、作风影响甚至决定了组织的气质和作风。所以，党派各级组织领导班子成员要加强自身的修养和素质，提高自身的领导水平；有效的组织活动会直接影响到组织成员内部的交流与沟通，会增强组织成员的彼此了解和对组织的向心力，经常性的有积极意义和有效率的组织活动会激发组织成员的存在感和活力，从而达到组织活动的目的；党派组织的凝聚力和战斗力、团结与和谐最终要靠有效的组织和管理制度作为根本保障。贯彻民主集中制的原则，重大决策、重要事项等必须经集体讨论做出决定。坚持集体领导和个人分工负责相结合，建立健全民主党派领导班子成员岗位责任制，充分发扬民主，加强团结协作，提高政治把握能力，参政议政能力，组织领导能力，合作共事能力，解决自身问题的能力，发挥领导班子的整体功能。

五种能力要求提出针对的是不同对象。政治把握能力、参政议政能力、组织领导能力、合作共事能力，这四种能力是针对民主党派各级组织领导班子成员提出来的。而第五种能力——解决自身问题的能力，是对民主党派各级组织整体而言，是对各级党派组织提出的要求。属于民主党派组织内部的组织活动、关系协调等问题，属于各级党派组织内部的事情，党派组织需要提高这方面的管理协调能力，自主地处理内部事务，把组织打造成一个积极团结上进有为的政治团体，履行好参政党的光荣使命。

（二）提高组织发展质量

当代中国的政党趋同指的是中国的执政党与参政党，特别是各参政党之间，在指导思想、组织发展、自身建设和履行职能等各方面越来越相似或相同的现象。“随着我国多党合作事业的不断发展，民主党派与共产党在政治基础、政治原则、政治方向和奋斗目标上越来越趋于一致，各民主党派之间在社会基础、成员构成、政治取向、参政内容、活动方式上的差别也越来越小。”[①]从整体上看，参政党之间的趋同具体体现在各民主党派的政治取向、组织系统和党内体制等方面，因而集体表现为政治趋同、组织趋同和体制趋同。政党趋同与党派组织发展同质化是两个既有区别又有联系的概念。民主党派组织发展同质化主要是指，在组织发展过程中因传统的重点分工领域组织资源日益减少，而新的社会阶层和党外知识分子队伍日益扩大，从而出现党派组织发展在相同或相近界别领域彼此竞争，结果导致民主党派传统界别特色难以保持，各党派成员趋向相同或相近的现象。民主党派组织发展同质化是当前政党趋同的重要表现形式，同时也是导致政党趋同的一个重要原因。

---

① 张献生：《“趋同论”刍议》，《中央社会主义学院学报》2006 年第 2 期，第 32 页。

随着我国社会主义现代化进程的推进和社会结构的变化，民主党派的成员结构发生了新变化，组织发展出现了新情况和新问题：一些新的社会阶层人士要求加入民主党派；一些民主党派地方组织发展成员存在趋同现象和向下延伸、标准降低、年龄偏低等问题。各民主党派的组织和组织的发展制度也随着这种变化作出了相应的调整。为规范和保证民主党派的组织健康发展，中共中央会同民主党派中央先后出台了几个规范民主党派组织发展的文件：1983 年的《民主党派组织发展问题座谈会纪要》、1996 年的《关于民主党派组织发展若干问题座谈会纪要》、1999 年的《各民主党派中央关于加强自身建设若干问题座谈会纪要》和 2004 年的《关于进一步做好民主党派组织发展工作座谈会纪要》四个文件成为指导民主党派组织发展的纲领性文件。

当前，民主党派组织发展的主要问题是：各党派之间由于历史和现实的要求，组织发展数量不均衡，组织发展同质化现象比较突出，影响了各党派自身的特色和中国政党制度效能的发挥。

各参政党发展党员的范围和对象，如何随着改革开放以来社会阶层的变动情况而作相应妥善的调整？如民革，根据目前各民主党派的章程，民革的发展对象是同原中国国民党有关系的人士、同民革有历史联系和社会联系的人士、同台湾各界有联系的人士和其他中上层人士。如果机械地理解民革发展的党员就是要与国民党有联系的人士，那么民革组织的未来发展将会受到极大的限制；如民建，随着市场经济体制的确立，非公经济人士及与非公经济有关的成员人数大增，据统计可达 1.5 亿人。这些人是否都可以成为民建发展组织成员的选择目标呢？再如，教育科技界的人士按规定民盟、民进、农工党、九三学社都可以发展，如何发展组织成员才能使民主党派既能发展组织又能保持自己的党派特色呢?

为了解决这些问题，2019 年 6 月颁布《各民主党派中央关于新时代组织发展座谈会纪要》(简称《纪要》)，要求组织发展突出质量优先，坚持“以协商确定的范围和对象为主，以大中城市为主、以有代表性的人士为主”的方针，落实组织发展政策规定，规范组织发展程序，严把政治关、廉洁关、质量关。为解决组织发展同质化问题，《纪要》对各民主党派坚持在重点分工领域发展成员做了一些适时的调整：民革主要是同原国民党有关系的人士、同民革有历史联系和社会联系的人士、同台湾各界有联系的人士以及社会和法制、“三农”研究领域的专业人士；民盟主要是文化教育以及相关的科学技术领域高中级知识分子；民建主要是经济界人士以及相关的专家学者；民进主要是教育文化出版传媒以及相关科学技术领域的高中级知识分子；农工党主要是医药卫生、人口资源和生态环境以及相关的科学技术、教育领域高中级知识分子；致公党主要是归侨侨眷中的中上层人士和其他有海外关系的代表性人士；九三学社主要是科学技术以及相关的高等教育、医药卫生领域高中级知识分子；台盟主要是居住在祖国大陆的台湾省人士以及从事台湾问题研究的高中级知识分子。

党外代表人士队伍建设是统一战线工作的重要内容。民主党派代表人士是党外代表人士的重要组成部分。2012 年颁发的《中共中央关于加强新形势下党外代表人士队伍建设的意见》对新形势下包括民主党派在内的党外代表人士队伍建设做了总体规划。

2015 年《中国共产党统一战线工作条例（试行）》中的第九章，专门对党外代表人士队伍建设提出了总体要求和具体规定。

在新时代，民主党派是我国新型政党制度的重要行为主体，民主党派代表人士队伍建设是加强中国特色社会主义参政党建设的基础性工程，是新时代推进我国新型政党制度健康发展的战略任务。为此，2018 年 12 月 27 日，中共中央办公厅颁发了《民主党派代表人士队伍建设规划（2018—2027）》（简称《规划》），对民主党派代表人士队伍建设专门做了详细的要求和部署。《规划》要求把握成长规律，严格标准条件，加强科学规划，健全工作机制，统筹做好民主党派代表人士发现、培养、使用、管理等工作。民主党派代表人士队伍建设要突出思想政治和能力素质教育培训，注重培养锻炼和推荐使用相结合，努力建设政治坚定、素质优良、代表性强、结构合理、充满活力的民主党派代表人士队伍。《规划》回应了民主党派代表人士在成长中遇到的一些瓶颈和阻碍，从强化人才储备、加强培养使用、严格监督管理等方面对各级党委特别是组织人事部门、统战部门提出了具体要求，解决了民主党派代表人士长期培训不足、时间经费无法保证、锻炼使用不够、行政能力难以提高等问题，为新时代民主党派代表人士的成长提供了有力的制度保障。

新时代民主党派通过履行职能加强代表人士队伍建设。民主党派成员认真履行参政议政、民主监督、参加政党协商的政治职能，积极从事政治参与活动，对于党派自身来说是一种学习、进步，对于党派成员队伍建设来说则是一种锻炼和提高。

2012 年颁发的《中共中央关于加强新形势下党外代表人士队

伍建设的意见》提出从“发现、培养、使用和管理”四个环节着力加强建设一支高素质的党外代表人士队伍。而对于民主党派和无党派代表人士而言，“政治坚定、业绩突出、群众认同”是执政党建设党外代表人士队伍所坚持的三条基本标准。所以，民主党派代表人士在政治参与活动中应该注重在以下四个方面建设和提高。

第一，在履行职能中认识和把握中国政党制度的价值，增强政治认同。

“政治坚定”是执政党选拔党外代表人士的首要标准。政治上的坚定源于理论上的成熟。如果没有对中国政党制度和政治制度的深刻理解与把握，没有对中国特色社会主义理论体系的系统深入的学习和研究，就根本不可能谈及认同。而对于一种制度和理论的理解和把握，单纯的机械式的学习是远远不够的，还必须通过政治参与这种政治实践活动，才能对中国的政党制度和政治制度有直观的感受和切实的体会，进而达到对这种制度的认同和“政治坚定”。

第二，在履行职能中提高自身能力和素质。

公民的政治参与，特别是通过特定制度设计而进行的政治参与是需要具备一定政治素质的人掌握一定的政治参与能力的。与公民本能的直观的表达自己的利益诉求不同，民主党派代表人士的履职行为是特定形式的政治参与活动，特别是参政议政和民主监督活动有明确的概念指向、内容和形式。什么是参政议政，什么是民主监督，通过何种形式参政议政、民主监督和政党协商都有具体的规定。对于参政议政、民主监督和政党协商的概念、内容和形式，即使民主党派内部的许多成员都未必理解得十分透彻，这些问题在一定程度上将影响党派成员政治参与的实际效果，进而影响到政治参与热情。所以，履职过程本身对民主党派代表人士就是一个自身能力和素质的锻炼与提升。

第三，在履行职能中增强代表性。

民主党派政治活动中的代表性问题，随着中国革命、建设和改革进程的不断推进，随着经济和社会的发展变化而发生变化。时至今日，已经成为理论与现实中的热点和难点。2012 年〔4 号〕文件中提出“以增强党外代表人士的代表性为重点”的要求，2013 年习近平总书记提出了中国特色社会主义参政党的论断，为民主党派社会性质问题的研究提供了基础。

毫无疑问，参政党进行履职活动首先和基本的是要代表本党派及其所联系的特定的社会群体的利益。但是又不能仅局限于此。特别是参政党在人大、政协等参政机构中的活动如果仅代表和反映本党派团体的利益，其政治影响和参与效果恐怕十分有限。在涉及国计民生等重大问题的决策上，参政党的履职活动则要考虑和反映国家整体利益，反映公民普遍的利益愿望和政治诉求。特别是近十多年来，新的社会阶层的产生和壮大是我国经济和社会生活乃至政治生活中的突出现象。这部分社会群体具有较强的经济实力，而且对政治决策又有较强的敏感性，政治参与十分活跃。如何既能正确反映他们的利益诉求又能规范他们的政治参与行为，参政党在这些问题上应该有深入的研究和切实的做法。

第四，在履行职能中加强组织和队伍建设。

民主党派的履职活动不仅是党派成员个体的政治行为，同时也是党派团体的组织行为。党派组织和党员个体的政治参与不仅锻炼提高了党派成员个体的素质和能力，同时对党派组织的能力和素质也是一种提升。

党派成员个体根据自身的专业优势和专业特长依托党派组织进行参政活动，党派组织为适应党派成员的政治参与活动会促使某些政治系统结构发生相应变化。比如党派的参政议政工作推动了党派组织设立相应的参政议政专门机构，而参政议政专门机构的正常运转又产生和推动了专门从事政治参与活动的技术人才，从而团结和锻造了一批具有较高政治参与能力和素质的人才队伍。

（三）机关建设

机关建设是组织建设的重要支撑。民主党派的机关是“贯通上下的咽喉、联系左右的纽带，展示党派形象的窗口”①，承担着日益繁重的参政议政的参谋部、后勤部、信息部的任务。民主党派的各级领导机关是民主党派全部工作的中心枢纽，是协调民主党派内部关系的纽带，是团结全党同志发挥好参政党职能的指挥部。同时，民主党派的机关建设也是自身建设和发展的关键，是发挥各民主党派参政党作用的重要组织保证。新时代，民主党派的职能增加，任务日益繁重，所有的职能发挥必须通过机关发挥协调和组织作用。所以，机关建设是新时代民主党派发挥职能的重要环节。新时代民主党派机关建设的内容很多，主要包括各职能部门的设置及职责范围的划分、工作人员的选配和管理、各项

---

① 郑宪等编著：《中国参政党建设新论》，中共中央党校出版社2006年版，第153页。

规章制度的建立健全等。机关建设的总体要求是要配备好机关工作班子、建立岗位核心管理机制、注意提高机关干部的整体素质。

新时代民主党派加强机关建设，要配备好机关工作班子；通过教育培训、轮岗交流、挂职锻炼等途径，加强对机关干部的培养；健全以岗位责任制为核心的管理机制，提高工作质量和工作效率。

制度建设在机关建设中要发挥重要作用。各级民主党派组织要通过建立健全机关工作规章制度，加强机关干部教育、培训、交流、挂职，健全以岗位责任制为核心的管理机制，严格制度执行，严肃考评考核，强化激励约束，提高工作质量和效率来提升机关工作水平。

（四）基层组织建设

基层组织是民主党派的细胞，是民主党派的组织基础和工作的基础。民主党派工作恢复以来，基层组织发展较快，新情况新问题也比较多，全国各地基层组织工作发展很不平衡。主要问题有如下几方面。

一是基层组织领导班子自身政治素质不高，很难找到杰出的代表性人物。领导班子缺乏工作经验，相互配合不够，工作制度不完善，组织活动难以有效开展；二是重组织发展，忽视巩固提高，对新党员的教育、管理措施跟不上，新党员入党后基本上处于放任自流，组织的凝聚力团结力不够；三是支部活动形式和内容单一，缺乏创新意识，组织活动不够，参与率下降；四是不少地方的基层组织活动经费严重短缺，队伍老化，缺乏发展潜力，没有充分调动热心党派事务工作和坚持组织活动的党员的积极性，党员凝聚力不强。所以如何扩大组织队伍，创新组织活动，提高组织的凝聚力是新时代民主党派组织建设的重点任务。

新时代民主党派提高基层组织建设水平，要积极争取中共党委特别是统战部门和上级组织的帮助，通过经常性地制度性地参与基层协商基层治理，反映社情民意，履行好作为参政党的政治职能，通过选拔配备好高素质肯干事热心民主党派事业的基层组织负责人来带动提高基层党派成员的整体素质和参政议政能力水平。

三、强化履职能力建设

民主党派的政治职能是民主党派存在、发展的价值和意义所在。新时代民主党派更应该强化履职能力建设，更好地彰显民主党派的作用和中国新型政党制度的效能。新时代民主党派的履职能力建设离不开中国共产党的支持与帮助。中共的各级党委都要支持民主党派围绕中共中央的中心工作，发挥自身人才智力优势和界别特色，着力提升参政议政、民主监督、参加中国共产党领导的政治协商能力，建设履职有力的中国特色社会主义参政党。

新时代，民主党派为增强政党协商、参政议政和民主监督等履职能力建设，就要重点抓好以下几个方面的工作。

第一，围绕党和国家工作中心，紧扣大局履职。多党合作和政治协商制度是我国的一项基本政治制度。民主党派履行职能也是现代国家治理的重要组成部分。所以，民主党派各级组织要紧紧围绕中央的大政方针和决策部署，围绕各级党委政府对未来经济社会的发展规划，结合党派自身的优势和特色，有的放矢，积极履行职能，参政参到点子上，议政议到关键处。

第二，发挥党派组织的整体优势。我国的民主党派组织是人才荟萃、智力密集，在重点分工领域具有明显优势和特色的精英型政党。民主党派履行职能要充分发挥党派的智力和人才密集的特点，发挥组织的整体优势。在多党合作的政治实践中，党派组织资源、智力资源整合机制比较完善的地方，履行职能就比较好。整合党派各种资源，提高履职能力，不仅同一党派上下级组织之间要建立协作机制，而且横向同级的不同党派之间也要做好联动机制；党派组织履行职能，不仅要充分利用党内的人才智力资源，而且要注意用好党外不同类型的社会资源。

第三，认真做好调查研究工作。毛泽东早就说过，没有调查就没有发言权。全国政协任玉岭委员说：建言要强调“三真”：真情实意，真实可靠，真知灼见。要做到“三真”，除了深入实际进行调研，没有别的途径。做好调查研究是党派履职的前提和基础。民主党派要做好调查研究工作需要认真筹划调查研究的选题、论证、组织实施，讲究方式方法等，形成完善的调研机制。

第四，建立健全履职工作机制。对于参政议政，目前党派的中央和省级组织普遍建立了参政议政和调查研究等相关职能部门，但一些部门的工作机制有待于继续完善。民主党派地市一级组织受编制所限，大都不具备设立专门参政议政相关工作岗位和人员编制条件。民主党派地方组织要想方设法组建相对固定、热衷于党派工作的骨干成员，做好参政议政工作。对于民主监督，各党派都依据《中国共产党统一战线工作条例》的相关规定，准确把握民主监督性质定位，健全民主监督工作机制，特别是总结脱贫攻坚民主监督实践经验，规范民主监督内容、形式和程序，做好民主监督工作。对于政党协商，民主党派要依据中央办公厅颁发的关于政党协商、政协协商的实施意见，在各级党委、统战部和政协的安排指导下，根据年度协商计划，精心组织准备，做好相关的调查研究，提高协商质量和实效。

四、全面加强作风建设

作风建设要从正反两个方面理解和把握。一是克服不良作风，二是发扬优良作风。参政党的作风建设重点是发扬优良作风。“爱国、团结、民主、求实”是民主党派从历史上保持和传承下来的优良作风，与中国共产党的三个优良作风一样，需要珍惜，需要一代代传承下去，使民主党派不忘初心，不忘本色。作风建设对参政党各级组织领导班子成员和各级党派组织机关来说含义是不同的。党派机关也存在作风建设问题，这一问题同行政机关等职能部门一样，改进机关作风有利于团结党派成员，凝聚人心，汇聚力量，把党派机关打造成一个组织成员成长、活动和履职的重要平台和指挥枢纽，发挥党派机关的能动作用。

支持民主党派坚持求真务实、真抓实干，改进思想作风、工作作风，严格纪律要求，树立务实进取、清正廉明等良好形象，建设作风优良的中国特色社会主义参政党。

五、切实抓好制度建设

参政党的制度建设是民主党派自身建设的一个重要组成部分，是带有根本性、长期性和保障性的建设，是工作经验的升华和规范。制度建设就是要根据民主党派的性质、目标、任务的要求，把加强制度建设与建立健全参政党的工作机制有机结合起来，在总结经验的基础上，逐步建立一套适合自身特点、适应组织运行需要的制度，推进多党合作和政治协商的制度化、规范化、程序化建设，为民主党派有效发挥职能和作用奠定坚实的基础。

（一）参政党制度建设的意义

制度建设对新时代参政党建设具有重要意义。

从参政党内部来看，一般而言，参政党自身建设包含思想建设、组织建设和制度建设等几个方面的内容，这几个部分既各有重点、相对独立，又有机联系、不可分割，共同构成参政党自身建设的整体格局。这其中，制度建设是带有基础性、根本性、长期性和保障性的自身建设任务，影响、制约和决定着参政党建设整体的成效和水平，决定着组织机构内部的政治行为。所以说，制度建设既是参政党建设的一个部分，也是参政党建设的基础和保障。

从参政党制度建设的外部功能来看，参政党加强自身建设是为了更好地履行其参政议政、民主监督的基本职能，在国家政治生活中发挥更为积极的作用。参政党制度建设便是通过促进和保障自身建设，与参政党履行职能和发挥作用直接相关。制度建设的质量和水平如何，直接影响和制约了参政党参政议政、民主监督的质量和水平，由此在一定程度上影响和制约了中国特色政党制度优越性的发挥，从而影响和制约了国内社会和国际社会对这一制度的理解和认同。

从制度本身来看，参政党制度建设不仅是达到特定目的的简单工具，其自身还包含了表达意义、确定价值、建构经验的丰富作用。制度本身所蕴含的社会主义民主和法制的意义和价值，参政党党员在制度规范下从事政治活动的体验，对于发扬社会主义民主、加强社会主义法制、推进社会主义政治文明建设，具有不可忽视的作用和意义。

（二）制度建设是参政党自身建设的保障

参政党的制度建设是参政党在规章制度方面所做的一系列工作。制度建设是参政党存在、发展和发挥作用的决定性因素之一，是工作经验的规范和升华。制度建设具有根本性、长期性和保障性，是我国参政党新时期自身发展的需要，也是参政党在未来发展的必然要求。

我国的民主党派在成立之初就制定了各自的根本制度——各党派章程，并建立了一套相应的规章制度。在以后半个多世纪的政治活动中，各民主党派几乎是在每次召开全国代表大会时，都根据形势和任务的变化对各自的章程进行修改。由此可见，各民主党派对制度建设一直都很重视，也说明制度建设在参政党自身建设中的重要作用。

近年来，随着我国经济和社会的加快发展，参政党的党员人数不断增加，队伍不断扩大。随着我国多党合作和政治协商制度的不断完善，民主政治的不断发展，参政党在我国政治生活中的地位和作用越来越突出，而一些原有的制度已不能很好地适应新形势，这就对参政党的制度建设提出了更高的要求。

参政党的制度建设是参政党自身建设的一个重要内容，是参政党思想建设和组织建设的保障。民主党派要逐步建立一套适合自身特点、有利于促进民主党派工作规范化和科学化运行的制度，健全参政党的工作机制。参政党的制度系统是以参政党章程为核心和主干，包括组织和组织发展制度、领导决策制度、运行制度、选举制度几大部分在内的有机统一的整体。在实践中建立和完善这些制度，并使各项制度之间互相协调、互相配套、有机联系，是参政党制度建设的基本内容。参政党的制度建设要遵循合法性、系统性、制度刚性与弹性相结合，稳定性与创新性并重的原则。围绕民主党派履行职能做好制度建设，特别是抓好参政议政工作机制和脱贫攻坚民主监督建设，是当前参政党制度建设的主要任务。“参加中国共产党领导的政治协商”是民主党派的另外一项重要职能，也是新时代民主党派制度需要逐步探索和建设的重要制度领域。

总之，民主党派要将制度建设贯穿于自身建设、履行职能全过程，逐步构建一套适合自身特点、系统规范、运行有效的制度体系，建设制度健全的中国特色社会主义参政党。

结　语

统一战线是中国独特的政治发展方式。中国共产党的统一战线不仅为实现中国政治统一、构建新的政治权威、重塑新的政治系统发挥了重要的法宝作用，而且在中国的现代化建设、改革开放和政治发展、国家治理过程中依然发挥着无可替代的重要作用。

民主党派是中国共产党统一战线中的重要组成部分。当代中国的主要政治制度，无论是新型政党制度还是人民政协制度甚至包括人民代表大会制度，从统一战线的视角看，都是某种形式的统一战线组织，都是中国共产党与民主党派、无党派人士在不同的组织框架和制度体系下的互相合作。这种多党合作以及十八大之后大力推动的协商民主，都是中国传统政治文化在当代国家治理中的体现。

民主党派既是统一战线的重要对象，同时又通过统一战线的组织制度发挥巩固扩大统一战线，推进国家治理现代化的作用。中国的新型政党制度和人民政协制度，都是民主党派发挥统战作用，实现政治统一和政治稳定的重要制度载体。

在当代中国，民主党派认同中国共产党的领导，认同中国特色社会主义道路就是实现中国政治稳定和政治秩序的必要前提。

民主党派通过中国新型政党制度履行政党职能，发挥参政议政、民主监督、参加中国共产党领导的政治协商来实现政党的利益表达、社会整合、政治参与的功能。从政治发展的视角看，民主党派的参政议政、民主监督和参加中国共产党领导的政治协商都是有利于现代民主决策、科学决策的国家政策过程，这些政治职能都是政治功能专门化的结果，是现代国家治理的表现形式。通过中国的政党制度以及人民政协的制度安排实现广泛政治参与，已经是中国协商民主的重要特征了。

所以，统一战线的重要组成部分——民主党派，通过统一战线的重要组织形式——中国新型政党制度和人民政协，来发挥自己的政治职能——参政议政、民主监督、参加中国共产党领导的政治协商，来实现现代国家治理。这就是当代中国民主党派在国家治理中的地位和作用。这种民主党派通过特定制度安排，实现现代国家治理的新时代中国统一战线道路，最终要靠民主党派的自身建设来实现。所以新时代民主党派的自身建设，不仅是未来自身存在和发展的决定因素，而且深刻地影响着中国未来的政治发展和国家治理。新时代民主党派的自身建设任务艰巨，新时代民主党派的自身建设充满希望。

参考文献

著作类：

1. 《马克思恩格斯选集》第4卷，人民出版社1995年版。

2. 《列宁全集》第39卷，人民出版社1986年版。

3. 中共中央编译局编译：《列宁专题文集》（论社会主义），人民出版社2009年版。

4. 《毛泽东选集》第2卷，人民出版社1991年版。

5. 《周恩来选集》上卷，人民出版社1981年版。

6. 《刘少奇选集》下卷，人民出版社1985年版。

7. 《邓小平文选》第1卷，人民出版社1989年版。

8. 中共中央文献研究室编：《毛泽东文集》第四卷，人民出版社1996年版。

9. 《邓小平论统一战线》，中央文献出版社1991年版。

10. 《周恩来统一战线文选》，出自《长期共存，互相监督》，人民出版社1984年版。

11. 李维汉：《回忆与研究》，中共党史出版社2013年版。

12. 薄一波：《若干重大决策与事件的回顾》上卷，中共中央党校出版社1991年版。

13. 袁廷华：《中国特色政党制度研究》，中国图书出版社

2013 年版。

14. 李景源主编，张树桐、王占阳副主编：《统一战线基础理论研究》，华文出版社 2002 年版。

15. 王长江主编：《政党政治原理》，中共中央党校出版社 2009 年版。

16. 严奇、王幼樵编：《中国农工民主党历史研究（民主革命时期）》，中国人民大学出版社 1984 年版。

17. 刘延东主编：《当代中国的民主党派》，当代中国出版社 1999 年版。

18. 朱维群主编：《让历史告诉未来》，华文出版社 2008 年版。

19. 张同新著：《中国国民党史纲》下册，人民出版社 2012 年版。

20. 陈志远主编：《中国民主党派史稿（1928—1988 年）》，天津大学出版社 1993 年版。

21. 张一道、刘俊岐等主编：《当代中国的人民政协》，当代中国出版社 1993 年版。

22. 任涛、吴黔生等主编：《新编中国统一战线基本教程》，华文出版社 1995 年版。

23. 中国民主同盟中央委员会编：《中国民主同盟历史文献》（1941—1949），中国社会科学出版社 2012 年版。

24. 中共中央统战部等编著：《中国统一战线教程》，中国人民大学出版社 2013 年版。

25. 中共中央宣传部编：《习近平新时代中国特色社会主义思

想三十讲》，学习出版社 2018 年版。

26. 《中国致公党简史》编辑委员会编：《中国致公党简史》，中国致公出版社 2010 年版。

27. 中共中央党史研究室著：《中国共产党的九十年》（新民主主义革命时期），中共党史出版社 2016 年版。

28. 施雪华主编：《政治科学原理》，中山大学出版社 2001 年版。

29. 中国延安干部学院编：《党在延安时期局部执政的历史经验》，中央文献出版社 2010 年版。

30. 郑宪、王志功主编：《统一战线与多党合作》，华文出版社 2002 年版。

31. 中共中央统战部研究室编：《历次全国统战工作会议概况和文献》，档案出版社 1988 年版。

32. 林勋建主编：《政党与政府》，北京大学出版社 2006 年版。

33. 中共中央文献研究室编：《十六大以来重要文献选编》（中），中央文献出版社 2006 年版。

34. 张平夫主编：《人民政协概论》，中央编译出版社 2009 年版。

35. 全国政协文史资料委员会编：《中国人民政协协商会议第一届全体会议亲历记》，中国文史出版社 2003 年版。

36. 全国政协办公厅研究室、全国政协文史和学习委员会编：《中共中央关于加强人民政协工作的意见辅导读本》，中国文史出版社 2006 年版。

37. 黄炎培：《延安归来》，《八十年来——黄炎培自述》，文汇出版社 2000 年版。

38. 郭秋永著:《当代三大民主理论》, 新星出版社 2006 年版。

39. 李铁映主编:《中国人文社会科学前沿报告》(2001 年), 社会科学文献出版社 2003 年版。

40. 中国社会科学院世界经济与政治研究所编:《当代世界政治实用百科全书》, 中国社会科学出版社 1993 年版。

41. 中国大百科全书出版社编辑部编: 《中国大百科全书(政治学)》, 中国大百科全书出版社 1992 年版。

42. 程同顺编著:《当代比较政治学理论》, 南开大学出版社 2001 年版。

43. 郑宪等编著:《中国参政党建设新论》, 中共中央党校出版社 2006 年版。

44. 中央社会主义学院中国政党制度研究中心:《中国政党制度年鉴》(2017), 中国文史出版社 2019 年版。

45. 许海清:《国家治理体系和治理能力现代化》, 中共中央党校出版社 2013 年版。

46. 《中国共产党统一战线工作条例 (试行)》, 华文出版社 2015 年版。

47. 《中国的政党制度》 白皮书, 人民出版社 2007 年版。

48. 《中国共产党章程》, 人民出版社 2012 年版。

49. 《中国共产党第十七次全国代表大会文件汇编》, 人民出版社 2007 年版。

50. 《中共中央关于全面深化改革若干重大问题的决定》, 人民出版社 2003 年版。

51. 胡锦涛：《高举中国特色社会主义伟大旗帜 为夺取全面建设小康社会新胜利而奋斗——在中国共产党第十七次全国代表大会上的报告》，人民出版社 2007 年版。

52. 习近平：《决胜全面建成小康社会 夺取新时代中国特色社会主义伟大胜利——在中国共产党第十九次全国代表大会上的报告》，人民出版社 2017 年版。

论文类：

53. 徐湘林：《转型危机与国家治理》，《中国科学报》2012 年 4 月 16 日。

54. 郑万通：《关于社会主义协商民主的几个问题》，《中国政协理论研究》2013 期。

55. 张小劲：《比较政治学的历史演变：学科史的考察》，《燕山大学学报》（哲学社会科学版）2000 年。

外文类：

56. 塞缪尔 · P. 亨廷顿著：《变化社会中的政治秩序》，王冠华、刘为等译，生活 · 读书 · 新知三联书店 1989 年版。

57. ［美］霍华德 · 威亚尔达著：《比较政治学导论：概念与过程》，娄亚译，北京大学出版社 2005 年版。

58. ［美］戴维 · E. 阿普特著：《现代化的政治》，陈尧译，上海人民出版社 2011 年版。

59. ［英］戴维 · 米勒、韦农 · 波格丹诺编，邓正来主编：

《布莱克维尔政治学百科全书》，中国政法大学出版社 2002 年版。

60. ［意］G. 萨托利著：《政党和政党体制》，商务印书馆 2006 年版。

61. ［德］马克斯·韦伯著：《经济与社会》（下），林荣远译，商务印书馆 2004 年版。

62. ［美］卡罗尔·佩特曼著：《参与和民主理论》，陈尧译，上海人民出版社 2006 年版。

63. ［日］蒲岛郁夫著：《政治参与》，解莉莉译，经济日报出版社 1989 年版。

64. ［美］罗伯特·达尔著：《多头政体——参与和反对》，谭君久、刘惠荣译，商务印书馆 2003 年版。

65. ［美］汉密尔顿、杰伊麦迪逊著：《联邦党人文集》，程逢如译，商务印书馆 2004 年版。

66. ［英］杰夫里·托马斯著：《政治哲学导论》，顾肃、刘雪梅译，中国人民大学出版社 2006 年版。

67. ［英］彼得·斯特克、大卫·韦戈尔：《政治思想导读》，舒小昀、李霞、赵勇译，江苏人民出版社 2005 年版。

68. ［美］约·埃尔斯特主编：《协商民主：挑战与反思》，周艳辉译，中央编译出版社 2009 年版。

69. ［美］道格拉斯·诺斯、罗伯斯·托马斯著：《西方世界的兴起》，厉以平、蔡磊译，华夏出版社 1999 年版。

70. ［美］道格拉斯·C. 诺斯著：《经济史中的结构与变迁》，陈郁、罗华平等译，生活·读书·新知三联书店 1997 年版。